Klaus-J. Fink (Hrsg.)

888 Weisheiten und Zitate für Finanzprofis

Klaus-J. Fink (Hrsg.)

888 Weisheiten und Zitate für Finanzprofis

Die passenden Worte für jede Situation im Beratungsgespräch

Bibliografische Information der Deutschen Nationalbibliothek
Die Deutsche Nationalbibliothek verzeichnet diese Publikation in der
Deutschen Nationalbibliografie; detaillierte bibliografische Daten sind im Internet
über <http://dnb.d-nb.de> abrufbar.

1. Auflage 2007
1. Nachdruck 2008

Alle Rechte vorbehalten
© Gabler | GWV Fachverlage GmbH, Wiesbaden 2007

Lektorat: Manuela Eckstein

Gabler ist Teil der Fachverlagsgruppe Springer Science+Business Media.
www.gabler.de

Das Werk einschließlich aller seiner Teile ist urheberrechtlich geschützt. Jede Verwertung außerhalb der engen Grenzen des Urheberrechtsgesetzes ist ohne Zustimmung des Verlags unzulässig und strafbar. Das gilt insbesondere für Vervielfältigungen, Übersetzungen, Mikroverfilmungen und die Einspeicherung und Verarbeitung in elektronischen Systemen.

Die Wiedergabe von Gebrauchsnamen, Handelsnamen, Warenbezeichnungen usw. in diesem Werk berechtigt auch ohne besondere Kennzeichnung nicht zu der Annahme, dass solche Namen im Sinne der Warenzeichen- und Markenschutz-Gesetzgebung als frei zu betrachten wären und daher von jedermann benutzt werden dürften.

Umschlaggestaltung: Nina Faber de.sign, Wiesbaden
Satz: ITS Text und Satz Anne Fuchs, Bamberg
Druck und buchbinderische Verarbeitung: Wilhelm & Adam, Heusenstamm
Gedruckt auf säurefreiem und chlorfrei gebleichtem Papier
Printed in Germany

ISBN 978-3-8349-0692-2

Wer zwei Paar Hosen hat, mache eins zu Geld und schaffe sich dieses Buch an.

Georg Christoph Lichtenberg

Vorwort

Schon Mark Twain meinte: „Schlagfertigkeit ist etwas, worauf man 24 Stunden später kommt". Eine Erfahrung, die ich in vielen Trainerjahren von meinen Teilnehmern immer wieder bestätigt bekam.

Bei meiner Ausrichtung auf die Finanzdienstleistungsbranche erlebe ich oft sehr trockene und mit vielen Fakten besetzte Präsentationen und Kundengespräche. Diese könnten durch ein treffendes Zitat oder eine anerkannte Volksweisheit erheblich aufgelockert werden. Es gibt unzählige Zitatensammlungen, allerdings bin ich auf kein Werk gestoßen, das sich speziell für die Finanzbranche und Bankenszene eignet. Diese Erkenntnis und die Nachfrage von Seminarteilnehmern hat bei mir die Idee zu vorliegender Sammlung reifen lassen.

Damit Sie als Finanzprofi immer das passende Wort zu jeder Gelegenheit haben, finden Sie nachfolgend 888 Weisheiten und Zitate über Aktien, Geld und Vermögen sowie zu einigen Stichworten, die über typische Finanzbegriffe hinausgehen, wie beispielsweise „Staat", „Politiker" oder „Subventionen", die Sie nebenbei in Ihre Kundengespräche oder Vorträge einfließen lassen können.

Was liegt näher, als die Begründung für eine Zitatensammlung gleich mit einigen treffenden Zitaten zu belegen? Deshalb:

Ein guter Spruch ist die Wohltat eines ganzen Buches in einem einzigen Satz.
Theodor Fontane

So ein paar grundgelehrte Zitate zieren den ganzen Menschen.
Heinrich Heine

Eine Sammlung von Anekdoten und Maximen ist für den Menschen der größte Schatz, wenn er die ersten an schicklichen Orten ins Gespräch einzustreuen, der letzten im treffenden Fall sich zu erinnern weiß.
Johann Wolfgang von Goethe

Nicht Sprüche sind es, woran es fehlt; die Bücher sind voll davon. Woran es fehlt, sind Menschen, die sie anwenden.
Epiktet

Ein gutes Zitat ist ein Diamant am Finger eines geistreichen Menschen und ein Pflasterstein in der Hand eines Narren.
Joseph Raux

Mit den besten Wünschen für mehr Schlagfertigkeit

Ihr *Klaus-J. Fink*

Inhalt

Vorwort	7
Aktien	11
Alimente	14
Amnestie	14
Angebot	15
Armut	15
Ausgaben	17
Bank	18
Besitz	21
Betrug	22
Bilanz	24
Borgen	25
Börse	26
Bürokratie	29
Einkommen	30
Erben	31
Europa	32
Finanzamt	32
Geiz	35
Geld	37
Geschäfte	63
Gewinn	67
Inflation	71
Kapitalismus	73

Konkurs	75
Kredit	76
Kunden	78
Marketing	79
Millionäre	81
Politiker	82
Reichtum	89
Schulden	96
Sparen	98
Staat	100
Statistiken	102
Steuern	104
Subventionen	117
Verkaufen	118
Verluste	120
Vermögen	121
Versicherungen	123
Verträge	123
Währung	125
Werbung	125
Wirtschaft	127
Wohlstand	128
Zeitung	130
Zum Schluss darf der Humor nicht fehlen	131
Verzeichnis der Verfasserinnen und Verfasser	137
Der Herausgeber	163

Aktien

Kaufen, wenn die Kanonen donnern, verkaufen, wenn die Violinen spielen.
Carl Meyer Rothschild

Ich kaufe, wenn andere Leute verkaufen. So einfach ist das.
Jean Paul Getty

Einer Straßenbahn und einer Aktie darf man nie nachlaufen. Nur Geduld: Die Nächste kommt mit Sicherheit!
André Kostolany

Die ganze Börse hängt nur davon ab, ob es mehr Aktien gibt als Idioten oder mehr Idioten als Aktien.
André Kostolany

Chartlesen ist eine Wissenschaft, die vergebens sucht, was Wissen schafft.
André Kostolany

Wer gut essen will, kauft Aktien; wer gut schlafen will, kauft Anleihen.
André Kostolany

Wer mit Aktien Geld verdienen will, macht dies nicht mit dem Kopf oder mit dem Bauch, sondern mit dem Hintern, indem er möglichst lange drauf sitzen bleibt.
Börsenweisheit

Der Kleinaktionär ist das Kanonenfutter des Wertpapierhandels.

Helmar Nahr

Um die Zukunft der Aktie einzuschätzen, müssen wir die Nerven, Hysterien, ja sogar die Verdauung und Wetterfühligkeit jener Personen beachten, von deren Handlungen diese Geldanlage abhängig ist.

John Maynard Keynes

Kurssturz: Wertpapier auf dem Wege zu seinem Papierwert.

Ron Kritzfeld

Lieber eine schlechte Aktie zum richtigen Zeitpunkt als eine gute Aktie zum falschen.

Thomas Mann

Das Schöne an den Aktien ist, dass man 1000 Prozent gewinnen kann, aber höchstens 100 Prozent verlieren.

Unbekannt

Das deutsche Leben gehört dem Aktienverkehr.

Kurt Tucholsky

Nichts war so wie vorher nach dem Tag, an dem The Body Shop eine Aktiengesellschaft wurde.

Anita Roddick

Aktionäre sind dumm und unverschämt. Dumm, weil sie mir ihr Geld überlassen, und unverschämt, weil sie auch noch Dividende dafür wollen.

Carl Fürstenberg

Aktiengesellschaften sind der Inbegriff für große Schritte in die Zukunft – der Ausbau der Eisenbahnverbindungen, der Ausbau der Telegrafen- und Fernmeldenetzen, die Kontinente umspannten, der Aufbau von Schifffahrtslinien, immer waren es Aktiengesellschaften, die maßgeblich daran beteiligt waren.

Erich J. Lejeune

In einer Aktiengesellschaft wird kurzfristig und Gewinn maximierend von Geschäftsbericht zu Geschäftsbericht gedacht. In langfristig angelegte Pläne wird nicht investiert.

Peter Dussmann

Eine Aktiengesellschaft ist ein Großbetrieb, in dem die leitenden Angesellten so tun, als gehöre er ihnen.

Unbekannt

Eine Aktiengesellschaft ist eine raffinierte Einrichtung zur persönlichen Bereicherung ohne persönliche Verantwortung.

Ambrose Bierce

Alimente

Wie kurz ein Monat ist, merken Sie erst, wenn Sie Alimente zahlen,
John Barrymore

Alimente sind Vergnügungssteuern im Nachhinein.
Henning Venske

Unter Alimente versteht man jene Einrichtung, bei der man dafür bezahlt, dass zwei einen Fehler gemacht haben.
Danny Kaye

Alimente sind eine Zahlungsverpflichtung bei Verkehrsunfällen.
Unbekannt

Amnestie

Amnestie ist die Großmut des Staates, gegen diejenigen Gesetzesübertreter, deren Bestrafung auf die Dauer zu kostspielig käme.
Ambrose Bierce

Amnestie in ein Akt, durch den die Herrscher die häufigsten Ungerechtigkeiten verzeihen, die sie begangen haben.
Pierre Véron

Angebot

Ich prüfe jedes Angebot. Es könnte das Angebot meines Lebens sein.
Henry Ford

Armut

Arm ist nicht, wer zu wenig besitzt, sondern wer zu viel haben möchte.
Lucius Annaeus Seneca

Armut wird auf die Dauer nicht durch Almosen überwunden, sondern nur, wenn sich die Armen durch Arbeit aus der Armut herausarbeiten können.
Norbert Blüm

Armut ist keine Schande. Aber Ärmlichkeit.
Werner Mitsch

Nicht alles ist ein Zeugnis der Armut, manches ist auch ein Armutszeugnis.
Armin Müller-Stahl

Es gibt nicht nur eine öffentliche Armut, sondern auch eine öffentliche Verschwendung.
Hans Lutz Merkle

Armut ist Erniedrigung. Ohne sie durchlebt zu haben, weiß man Luxus kaum zu schätzen. Meine Kinder zum Beispiel wissen es nicht.
Charlie Chaplin

Arm ist nicht der, der wenig hat, sondern der, der nie genug bekommen hat.
Arabisches Sprichwort

Die Armut und die Hoffnung sind Mutter und Tochter. Indem man sich mit der Tochter unterhält, vergisst man die andere.
Jean Paul

Arm sein ist natürlich keine Schande, aber es ist verdammt unbequem.
Sydney Smith

Der sicherste Reichtum ist die Armut an Bedürfnissen.
Franz Werfel

Arme Leute sind die, die kein Geld für Qualität haben.
Unbekannt

Er hatte soviel Geld, dass er es sich leisten konnte, arm auszusehen.
Edgar Wallace

Für einen leeren Sack ist es schwer, aufrecht zu stehen.
Benjamin Franklin

Man kann den Armen nicht helfen, indem man die Reichen vernichtet.
Abraham Lincoln

Ausgaben

Hüte dich vor den geringsten Ausgaben. Ein kleines Loch kann ein großes Schiff versenken.
Benjamin Franklin

Ich habe viel von meinem Geld für Alkohol, Weiber und schnelle Autos ausgegeben. Den Rest habe ich einfach verprasst.
George Best

Man könnte viele Beispiele für unsinnige Ausgaben nehmen, aber keines ist treffender als die Errichtung einer Friedhofsmauer. Die, die drinnen sind, können ohnehin nicht hinaus, und die, die draußen sind, wollen nicht herein.
Mark Twain

Bank

Als erstes im Bankwesen lernt man den Respekt vor der Null.

Carl Fürstenberg

Die Finanzminister und die Bankiers haben eins gemeinsam. Sie leben von anderer Leute Geld. Die Bankiers haben nur die unangenehme Aufgabe, es wieder zurückzuzahlen.

Hermann Josef Abs

Niemand kennt die Menschen so gut wie der Beichtvater, der Bankier und der Bettler.

Sizilianisches Sprichwort

Wer hat heutzutage den unglücklichsten Beruf der Welt? Menschen, die sich professionell um anderer Leute Geld kümmern müssen. Noch niemals ist es so schwierig gewesen, anderen Leuten mit einem guten Gewissen einen guten Rat zu geben.

Heinz Brestel

Die beste kurzfristige Erfolgsmeldung ist das Minenspiel deines Bankdirektors.

Helmar Nahr

Schuldest du einer Bank weniger als eine Million, hast du einen Gläubiger. Schuldest du mehr als eine Million, hast du einen Partner.

Unbekannt

Hausbank: Sicherheitsbindung, löst sich beim Sturz.
Ron Kritzfeld

Ein Bankier muss schlau sein wie ein Fuchs, vertrauenswürdig wie ein Beichtvater und muss Nerven haben wie Schiffstaue.
Moritz Leiffmann

Dass die Jugend zu Ende geht, merkt man daran, dass die freundlichen Blicke der Mädchen von den freundlichen Blicken der Bankangestellten abgelöst werden.
Helmar Nahr

Der Bankauszug ist ein bequemes Mittel um festzustellen, wie sehr man über seine Verhältnisse gelebt hat.
Unbekannt

Ich frage mich oft, wie viele fantastische Ideen nur deshalb niemals zum Erfolg kommen, weil es den Leuten, die in diesem Land hinter den Schaltern der Banken sitzen, an Vorstellungskraft und Bereitschaft mangelt, auch mal ein Risiko einzugehen.
Anita Roddick

Bankraub ist eine Unternehmung von Dilettanten. Wahre Profis gründen eine Bank.
Bertolt Brecht

Eine Bank ist ein Ort, an dem man Geld geliehen bekommt, wenn man nachweisen kann, dass man es nicht braucht.
Bob Leslie Townes Hope

Das Bankkonto ist in demokratischen Zeiten der Geldherrschaft einer der stärksten Liebesbeweise.
Franz Blei

Ein Bankier ist ein Mensch, der seinen Schirm verleiht, wenn die Sonne scheint, und der ihn sofort zurückhaben will, wenn es zu regnen beginnt.
Mark Twain

Bank: Institut, das mit fremdem Geld reich wird.
Michael Schiff

Die meisten tragen ihr Geld zur Bank, um es vor sich selbst in Sicherheit zu bringen.
Sigmund Graff

Wenn Banker bei Krediten grinsen, bedeutet das meist hohe Zinsen.
Sprichwort

Banken sind gefährlicher als stehende Armeen.
Thomas Jefferson

Wenn Sie einen Schweizer Bankier aus dem Fenster springen sehen, springen Sie sofort hinterher: Es gibt bestimmt etwas zu verdienen.
Voltaire

Die Banken sind Eros-Center für die käufliche Liebe der Währungen.
Werner Schneyder

Besitz

Besitz ist notwendig. Aber es ist nicht notwendig, dass er immer in denselben Händen bleibt.
Rémy de Gourmont

Besitz: Art von Eigentum, das bei der Anhäufung aus Besitzenden häufig Besessene macht.
Ron Kritzfeld

Es gibt keinen Besitz, der Nachlässigkeit vertrüge.
Thomas Mann

Sich mit wenigem begnügen ist schwer, sich mit vielem begnügen ist noch schwerer.
Marie von Ebner-Eschenbach

Hast du wenig, kannst du viel gewinnen. Hast du viel, bist du verwirrt.
Laotse

Wer besitzt, der lerne verlieren.
Friedrich von Schiller

In einem Traum-Bungalow kann es schlaflosere Nächte geben als in einer Mietwohnung.
Gerhard Reichel

Der Besitz interessiert mich überhaupt nicht. Was mich interessiert, ist das Verfügungsrecht über den Besitz.

Heinz-Oskar Vetter

Betrug

Man kann alle Leute eine Zeit lang zum Narren halten. Man kann auch einige Leute die ganze Zeit zum Narren halten. Aber man kann nicht alle Leute die ganze Zeit zum Narren halten.

Abraham Lincoln

Wenn du mich einmal betrügst – deine Schande. Wenn du mich zweimal betrügst – meine Schande.

Chinesisches Sprichwort

Man verdient kein Lob für Ehrlichsein, wenn niemand versucht, einen zu bestechen.

Marcus Tullius Cicero

Einen Dummkopf zu betrügen ist eine Handlung, die eines Menschen von Geist würdig ist.

Giacomo Casanova

Einen Betrüger betrügt man nicht, sondern den hintergeht man nur.

Gotthold Ephraim Lessing

Es bereitet doppeltes Vergnügen, einen Betrüger zu betrügen.
Jean de la Fontaine

Man wird nie betrogen, man betrügt sich selbst.
Johann Wolfgang von Goethe

Die Übertreibung ist der Betrug der ehrlichen Leute.
Joseph Marie de Maistre

Betrogene Betrüger schimpfen am lautesten.
Jugoslawisches Sprichwort

Die Menschen sind so einfältig und hängen so sehr vom Eindruck des Augenblickes ab, dass einer, der sie täuschen will, stets jemanden findet, der sich täuschen lässt.
Niccolò Machiavelli

Bei großem Gewinn ist großer Betrug.
Sprichwort

Betrug ist die Triebkraft des Geschäfts, die Seele der Religion, der Köder der Liebeswerbung und die Grundlage politischer Macht.
Ambrose Bierce

Bilanz

Die Konten reden, die Bilanzen schweigen.

Erich Kästner

Die Bilanz ist das Jahreszeugnis des Managers.

Helmar Nahr

Bilanzieren: Legt Nachdruck auf zieren.

Ron Kritzfeld

Lieber zweimal Dividende erhalten als einmal die Bilanz sehen.

Unbekannt

Bilanzphilosophie: Die ordentlichen Positionen haben sich recht ordentlich entwickelt, die außerordentlichen sogar außerordentlich.

Unbekannt

Eine Bilanz ist das, was sich nach besten Wissen und Gewissen nicht mehr verstecken lässt.

Unbekannt

Bilanzen sind wie Bikinis: Das Interessanteste zeigen sie nicht.

Cyril Northcote Parkinson

Borgen

Wenn du den Wert des Geldes kennen lernen möchtest, versuche, dir welches zu borgen.

Benjamin Franklin

Jede Wirtschaft beruht auf dem Kreditsystem, das heißt, auf der irrtümlichen Annahme, der andere werde gepumptes Geld zurückzahlen.

Kurt Tucholsky

Borgen und Schmausen endet mit Grausen.

Sprichwort

Leihe Geld einem, der es nicht zurückzahlt, und er wird es dir noch übel nehmen.

Sprichwort

Verleihen sollte man nur dann, wenn man es auch verschenken kann.

Sprichwort

Sei weder Borger noch Verlierer; sich und den Freund verliert das Darlehen oft.

William Shakespeare

Borgen macht Sorgen.

Sprichwort

Werde niemand etwas schuldig, doch sei zuvorkommend, als ob alle deine Gläubiger wären!

Matthias Claudius

Börse

Ich lese keine Zeitungen. Was wirklich wichtig ist, erfahre ich an der Börse.

Amschel Meyer Rothschild

Börsengewinnen sind Schmerzensgelder. Erst kommen die Schmerzen, dann das Geld.

André Kostolany

Kleinanleger sollten nie zocken. Kauft Standardwerte und ein Schlafmittel, um das Geschehen an der Börse auf Jahre zu vergessen, egal ob es draußen donnert und blitzt.

André Kostolany

Wer viel Geld hat, kann spekulieren. Wer wenig Geld hat, darf nicht spekulieren. Wer kein Geld hat, muss spekulieren.

André Kostolany

Der Börsianer lebt von seinen Erfahrungen und Überlegungen und von seinem Spürsinn. Der Engländer sagt: „My home is my castle". Des Börsianers Devise ist: „My nose is my castle."

André Kostolany

Bargeld in der Tasche und gleichzeitig die Absicht zu haben, bei niedrigen Kursen in die Börse einzusteigen, ist dasselbe Vergnügen, wie hungrig zu sein und sich auf dem Weg in ein Restaurant zu befinden.

André Kostolany

Der Analytiker denkt, und die Börse lenkt.

André Kostolany

Jedes Land hat die Börsianer, die es verdient.

André Kostolany

In ihren Reaktionen benimmt sich die Börse oft wie ein Betrunkener; sie weint bei guten Nachrichten und lacht bei schlechten.

André Kostolany

An der Börse muss man sich verhalten wie beim Baden im kalten Wasser: Hineinspringen und rasch wieder heraus.

Carl Meyer Rothschild

Das Warum ist die Mutter aller Wissenschaften, nur nicht der Börsenwissenschaft.

Daniel Spitzer

Wer in der schnellsten Branche der Welt müde wird oder in Versuchung gerät, sich auf seinen Erfolgen auszuruhen, für den gehören Erfolge bald zur Vergangenheit. In diesem Markt gibt es nur zweierlei Manager: die schnellen und die toten.

Erich J. Lejeune

Börse – Balzplatz der Profitgeier.
Gerd Wollschon

Börse: Thermometer der öffentlichen Meinung.
Gustave Flaubert

Geben Sie mir eine gute Regierung, und wir haben eine gesunde Börse.
Hermann Josef Abs

Die Börse hat einen empfindlichen Magen, der verdorbenes Zeug sofort ausspuckt.
John Kenneth Galbraith

Für Börsenspekulationen ist der Februar einer der gefährlichsten Monate. Die anderen sind Juli, Januar, September, April, November, Mai, März, Juni, Dezember, August und Oktober.
Mark Twain

Es gibt zwei Lebensabschnitte im Leben eines Mannes, in denen er nicht spekulieren sollte: Wenn er es sich nicht leisten kann und wenn er es sich leisten könnte.
Mark Twain

Das Kapital des Dienstleistungsunternehmens ist nicht das Börsenkapital, sondern das Humankapital. Wenn Shareholder-Value zum alleinigen Credo wird, dann stehen Anleger gegen Mitarbeiter.
Peter Dussmann

Wo Gott der Herr seine Hand hingelegt hatte, haben die „Herren" ihre Hand draufgelegt und Aktien an der Börse auf. Sie sollen den Erdenfleck sehr verschönert haben.

Wilhelm Raabe

Wie kann man von der Börse Zuverlässigkeit und Beständigkeit erwarten, wo sie doch in den meisten Sprachen weiblichen Geschlechtes ist?

Raoul Bouchat

Bürokratie

Bürokraten sind die Militaristen des Papierkrieges.

Cyril Northcote Parkinson

Bürokraten bekämpft man am besten, indem man ihre Vorschriften genau befolgt.

Cyril Northcote Parkinson

Bürokratie ist ein Riesenapparat, der von Zwergen bedient wird.

Honoré de Balzac

Der Dienstweg ist die Verbindung der Sackgasse mit dem Holzweg.

Sprichwort

Warum sind die Zehn Gebote so einfach, kurz und klar und für jedermann verständlich abgefasst? Weil sie ohne eine Kommission aufgestellt wurden
Charles de Gaulle

Die Fesseln der gequälten Menschheit sind aus Kanzleipapier.
Franz Kafka

Von allen Plagen in unserem Wirtschaftsleben ist die Bürokratie die weitaus schlimmste.
Ephraim Kishon

Einkommen

Die Frage ist nicht, in welchem Alter ich mich zur Ruhe setzte, sondern mit welchem Einkommen.
George Foreman

Es ist besser, ein dauerhaftes Einkommen zu haben, als faszinierend zu sein.
Oscar Wilde

Erben

Die einzigen Zeuge für die Erfolge des Börsenspekulanten sind seine Erben. – Ein seriöser Börsianer darf seine Erben enttäuschen, seinen Bankier nie.
André Kostolany

Wer seinen Arzt zu seinem Erbe einsetzt, ist ein Dummkopf.
Benjamin Franklin

Ein Erbe, schnell errafft am Anfang, ist nicht gesegnet an seinem Ende.
Bibel, Sprüche, 20, 21

Die Geizigen sammeln für lachende Erben.
Christina von Schweden

Was man erringt, behauptet man hartnäckiger als das, was man ererbt hat.
Johann Wolfgang von Goethe

Die Menschen verwinden rascher den Tod ihres Vaters als den Verlust des väterlichen Erbes.
Niccolò Machiavelli

Das Weinen der Erben ist maskiertes Lachen.
Publilius Syrus

Wer in einem Testament nicht bedacht worden ist, findet Trost in dem Gedanken, dass der Verstorbene ihm vermutlich die Erbschaftssteuer ersparen wollte.
Sir Peter Ustinov

Wenn Gott mit dem Tode kommt, dann kommt der Teufel mit den Erben.
Sprichwort

Europa

Zwischenstaatlich organisiert sind in Europa nur das Verbrechen und der Kapitalismus.
Kurt Tucholsky

Europa ist wie eine Wohngemeinschaft: Jeder greift in die Haushaltskasse und keiner trägt den Müll runter.
Matthias Beltz

Finanzamt

Das Finanzamt ist eine schmerzliche Realität, die uns daran erinnert, dass der Staat keine bloße Fiktion ist.
Arthur Miller

Wenn ich Geld sage, meine ich damit jene Materie, die auf dem Weg zum Finanzamt flüchtig unsere Finger streift.

Karl Farkas

Der einzige Unterschied zwischen einem Finanzbeamten und einem Tierpräperator besteht darin, dass der Präperator wenigstens die Haut übrig lässt.

Mark Twain

Ein Finanzminister ist ein gesetzlich autorisierter Taschendieb.

Paul Ramadier

Der Bürger liebt das Finanzamt mit der gleichen Leidenschaft wie der Metzger den Vegetarier.

Peter Gillies

Das Finanzamt hat mehr Männer zu Lügnern gemacht als die Ehe.

Robert Lembke

Die Nase ist das Einzige, aus dem man noch was rausholen kann, ohne dass das Finanzamt die Hand aufhält.

Sprichwort

Finanzbeamte sind Leute, die das Doppelte von dem glauben, was man ihnen sagt.

Ugo Tognazzi

Das Finanzamt ist die Institution, die bewirkt hat, dass Reisende nicht mehr ihre Sekretärin als Ehefrau, sondern ihre Ehefrau als Sekretärin ausgeben.

Unbekannt

Ein Geschäft wird erst dann ein Geschäft, wenn man dem Finanzamt nachweisen kann, dass es kein Geschäft war.

Unbekannt

Das Känguru ist das Wappentier der Finanzminister. Es macht auch mit leerem Beutel noch große Sprünge.

Unbekannt

Finanzbeamte sind die einzigen Menschen, die eine hohe Meinung von uns haben.

Helmar Nahr

Das Finanzamt ist eine Einrichtung, die schneller als man selbst zu der Erkenntnis kommt, dass es einem zu gut geht.

Unbekannt

Die Steuerbehörde liebt offensichtlich Arme mehr als Reiche. Warum macht sie ständig Reiche arm?

Unbekannt

Ein Finanzminister ist eine seltsame Personalunion von Milchkuh, Hamster und Kettenhund der Regierung.

Carlo Franchi

Finanzpolitik – das ist die Auseinandersetzung zwischen jenen Leuten, die eine Mark haben und zwei ausgeben wollen, und jenen, die wissen, dass das nicht geht.

Manfred Rommel

Geiz

Der Geiz ist eine der unedelsten, schändlichsten Leidenschaften. Man kann sich keine Niederträchtigkeit denken, deren ein Geizhals nicht fähig wäre, wenn seine Begierde nach Reichtümern ins Spiel kommt.

Adolph von Knigge

Geizhälse sind unangenehme Zeitgenossen, aber angenehme Vorfahren.

Bernhard von Bülow

Geiz und Neid sind lächerliche Eigenschaften.

Christina von Schweden

Ein Geiziger kann nichts Nützlicheres und Besseres tun, als wenn er stirbt.

Martin Luther

Der Geiz ist eine sehr große Sünde; kein Ding aber, das mit Sünde belastet ist, kann ein gutes Ende nehmen.

Michelangelo

Geiz ist subjektive Armut.

Peter Hille

Alle Geizhälse werden steinalt. Es ist, als grauste es selbst dem Tod vor ihnen.

Robert Walser

Wenn ein Geizhals Geld ausgibt, verliert er Blut.

Sprichwort

Der Geizhals besitzt nicht sein Vermögen, sondern sein Vermögen besitzt ihn.

Sprichwort

Geiz ist die größte Armut.

Sprichwort

Den Armen geht viel ab, dem Geizigen alles.

Sprichwort

Der Geizige spricht gewöhnlich nur von seinen Ausgaben, der Verschwender von seinen Einnahmen.

Sprichwort

Geizhälse sind die Plage ihrer Zeitgenossen, aber das Entzücken ihrer Erben.

Theodor Fontane

Geiz ist wie seelischer Körpergeruch. Geiz macht einsam.

Unbekannt

Geiz ist die Armut der Reichen.

Werner Mitsch

Geizige Männer schenken einen Lippenstift, wenn sie ihn sich nach und nach zurückholen können.

Zsa Zsa Gabor

Ein Geizhals ist ein Mensch, der sich an das Geld verliert, nachdem er es gewonnen hat.

Karl Heinrich Waggerl

Schwaben sind aus dem Geizland vertriebene Schotten.

Fred Metzler

Geiz ist das einzige Laster, dass sich in den Augen der Nachkommen in eine Tugend verwandelt.

Martin Held

Ein Geizhals ist ein Mann, der seine Finger nachzählt, wenn er einem anderen die Hand gegeben hat.

Unbekannt

Geld

Wer kein Geld hat, hat auch keinen Mut. Er fürchtet, überall zurückgesetzt zu werden, glaubt, jede Demütigung ertragen zu müssen, und zeigt sich allerorten in ungünstigem Licht.

Adolph von Knigge

Geld ist die perfekte Therapie gegen Ängste.
Akif Pirincci

Man will Geld verdienen um glücklich zu leben, und die ganze Anstrengung, die beste Kraft eines Lebens konzentriert sich auf den Erwerb dieses Geldes. Das Glück wird vergessen, das Mittel wird Selbstzweck.
Albert Camus

Die besten Dinge im Leben sind nicht die, die man für Geld bekommt.
Albert Einstein

Das Geld zieht nur den Eigennutz an und führt unwiderstehlich zum Missbrauch.
Albert Einstein

Geld wird nicht mehr nur als Transaktionsmittel benutzt zum Zwecke der Finanzierung, sondern Geld wird gehandelt wie eine Ware.
Alfred Herrhausen

Wenn es um Geld geht, gibt es nur ein Schlagwort: „Mehr!"
André Kostolany

Entscheidungen über Geld trifft man, indem man die Zeitungen zwischen den Zeilen liest.
André Kostolany

Freundschaft ist wie Geld: leichter zu machen als zu halten.
Samuel Butler

Dem Geld darf man nicht nachlaufen, man muss ihm entgegengehen.
Aristoteles Onassis

Wenn ein Mensch behauptet, mit Geld ließe sich alles erreichen, darf man sicher sein, dass er nie welches gehabt hat.
Aristoteles Onassis

Es gibt Leute, die zahlen Geld für jeden Preis.
Arthur Schopenhauer

Das Geld gleicht dem Seewasser. Je mehr davon getrunken wird, desto durstiger wird man.
Arthur Schopenhauer

Kein Geld ist vorteilhafter angewandt als das, um welches wir uns haben prellen lassen: denn wir haben dafür unmittelbar Klugheit eingehandelt.
Arthur Schopenhauer

Geht der Wein aus, hört das Gespräch auf, geht das Geld aus, bleiben die Freunde aus.
Aus Rumänien

Geld erleichtert das Leben. Aber man kann nicht mehr als ein Steak essen.
Beate Uhse

Ein Idealist ist ein Mann, dessen Liebe zum Geld unerwidert bleibt.
Thaddäus Troll

Wer der Meinung ist, dass man für Geld alles haben kann, gerät leicht in den Verdacht, dass er für Geld alles zu tun bereit ist.
Benjamin Franklin

Geld hat noch nie einen Menschen glücklich gemacht und es wird nie einen Menschen glücklich machen. Je mehr man davon hat, desto mehr will man haben. Anstatt ein Vakuum zu füllen, erzeugt es eines.
Benjamin Franklin

Geld hat die Eigenschaft, anderes Geld anzuziehen.
Benjamin Franklin

Es gibt drei treue Freunde – eine alte Ehefrau, ein alter Hund und flüssiges Geld.
Benjamin Franklin

Vergiss nie, dass Kredit auch Geld ist.
Benjamin Franklin

Es gibt tausend Möglichkeiten, Geld loszuwerden, aber nur zwei, es zu erwerben: Entweder wir arbeiten für Geld – oder das Geld arbeitet für uns.
Bernard M. Baruch

Geldleute lesen gründlicher als Zeitungsliebhaber. Sie wissen besser, welche Nachteile aus flüchtiger Lektüre entstehen können.
Bertolt Brecht

Die Macht hat stets, wer zahlt.
Bertolt Brecht

Der moderne Mensch betrachtet Geld als ein Mittel, zu mehr Geld zu kommen.
Bertrand Russell

Wer auch immer gesagt hat, dass Geld nicht glücklich macht, hatte keine Ahnung, wo man gut zum Einkaufen geht.
Bo Derek

Der Charme des Geldes liegt in seiner Menge.
Carl Fürstenberg

Ein Beutel voll Geld ist besser als ein Bauch von Gelehrsamkeit.
Chinesische Weisheit

Geld im Alter ist wie Schnee im Juli.
Chinesische Weisheit

Ich habe Geld, du hast Geld, folglich sind wir Freunde.
Chinesische Weisheit

Geld macht Blinde sehend.
Chinesisches Sprichwort

Wer seine Schweißtropfen zählt, wird nie sein Geld zählen.
Christian Friedrich Hebbel

Ich kenn keinen, der so weit aussteigt, dass er für öffentliche Gelder nicht mehr erreichbar wäre.
Constantin Freiherr Heeremann von Zuydtwyck

Geld allein macht nicht glücklich. Es gehören auch noch Aktien, Gold und Grundstücke dazu.
Danny Kaye

Heute gibt der Mensch Geld aus, das er nicht hat, für Dinge, die er nicht braucht, um damit Leuten zu imponieren, die er nicht mag.
Danny Kaye

Geld hat überhaupt nichts mit Stil zu tun, aber natürlich ist es in jeder Situation nützlich.
Diana Vreeland

Wenn jemand mit Geld nicht umgehen kann, mag es daran liegen, dass er gar keines hat.
Dieter Hildebrandt

Geld macht nicht korrupt. Kein Geld schon eher.
Dieter Hildebrandt

Geld ist nicht alles. Mit zwanzig Millionen Dollar kann man genauso glücklich sein wie mit einundzwanzig.
Donald John Trump

Information über Geld ist fast so wichtig wie Geld selbst.
Walter Woiston

Geld aus Hollywood ist kein Geld. Es ist ein gefrorener Schneeball, der in deiner Hand wegschmilzt – und dann stehst du da.

Dorothy Parker

Behandle Geldangelegenheiten nicht leichthin. Geld ist Charakter.

Edward George Buwler-Lytton

Mit dem Leben ist's wie mit dem Gelde: Man muss beide ausgeben um etwas davon zu haben.

Emil Gött

Viele Menschen, manche gerade besonders kluge, meinen, dass Geld alles sei. Sie haben Recht.

Ephraim Kishon

Wenn man genug Geld hat, stellt sich der gute Ruf ganz von selbst ein.

Erich Kästner

Wer in Geld schwimmt, hält den Rettungsring für eine Zumutung.

Ernst R. Hauschka

Geld gleicht dem Dünger, der wertlos ist, wenn man ihn nicht ausbreitet.

Sir Francis Bacon

Geld ist dazu da, um ausgegeben zu werden. Strömende Wasser bleiben frisch.
Françoise Sagan

Geld ist geil wie ein Bock und scheu wie ein Reh.
Franz Josef Strauß

Geld ist das Brecheisen der Macht.
Friedrich Nietzsche

Alles, was Gold ist, glänzt nicht.
Friedrich Nietzsche

Leute, die Geld haben, werden von der Polizei entweder geschützt oder gesucht.
Fritz de Crignis

Es gibt nur drei Arten, sein Geld auf menschliche Weise zu verdienen: es finden, in der Lotterie gewinnen, erben.
Georg Büchner

Auch selbst den weisesten unter den Menschen sind Leute, die Geld bringen, mehr willkommen als die, die welches holen.
Georg Christoph Lichtenberg

Im Deutschen reimt sich Geld auf Welt: es ist kaum möglich, dass es einen vernünftigeren Reim gäbe.
Georg Christoph Lichtenberg

Geld ist die reinste Form des Werkzeugs.
Georg Simmel

Man sollte nur von Pessimisten Geld borgen. Die erwarten nicht, dass sie es jemals zurückbekommen.
Georg Thomalla

Heirate unter keinen Umständen des Geldes wegen. Es ist immer möglich, irgendwo anders ein Darlehen zu bedeutend niedrigerem Zinsfuß zu erhalten.
George Bernard Shaw

Man empfindet es oft als ungerecht, dass Menschen, die Stroh im Kopf haben, auch noch Geld wie Heu besitzen.
Gerhard Uhlenbruck

Geld ist immer vorhanden, nur die Taschen wechseln.
Gertrude Stein

Geld ist eine neue Form der Sklaverei.
Graf Leo N. Tolstoi

Geld ist ein Werkzeug, das zum Guten wie zum Bösen verwendet werden kann. Wenn einer sich in sein Werkzeug verliebt, ist dafür nicht das Werkzeug zu verdammen.
Hannes Androsch

Damit das Geld wieder bei der Tür hereinkommt, ist man geradezu verpflichtet, es vorher aus dem Fenster hinauszuwerfen.
Hans Hermann Weyer

Geld ist nur wichtig, wenn man es nicht hat.
Harrison Ford

Was ist Geld? Geld ist rund und rollt weg, aber Bildung bleibt.
Heinrich Heine

Die Sachen geschehen nicht des Geldes wegen, aber es gehört Geld dazu, um sie in Gang zu bringen.
Heinrich Heine

Das einzige, was man ohne Geld machen kann, sind Schulden.
Heinz Schenk

Geld macht nicht glücklich, aber es gestattet uns, auf verhältnismäßig angenehme Weise unglücklich zu sein.
Helen Gurley Brown

Mach Geld zu deinem Gott und es wird dich plagen wie der Teufel.
Henry Fielding

Das schöne Gefühl, Geld zu haben, ist nicht so intensiv wie das Scheißgefühl, kein Geld zu haben.
Herbert Achternbusch

Dem wachsenden Geld folgt die Sorge.
Horaz

Wenn man das Geld richtig behandelt, ist es wie ein folgsamer Hund, der einem nachläuft.
Howard R. Hughes

Dass man Liebe mit Geld nicht kaufen kann, glaubt man erst dann, wenn man genug Geld hat.

Jack Nicholson

Geld – ein Segel in der Tasche.

Japanisches Sprichwort

Über Musik kann man am besten mit Bankdirektoren reden. Künstler reden ja nur von Geld.

Jean Sibelius

Das Geld, das man hat, verhilft uns zur Freiheit, das Geld, dem man nachjagt, macht uns zu Knechten.

Jean-Jacques Rousseau

Viele Männer suchen eine Frau mit Geld. Aber die meisten suchen Geld mit Frau.

Jeanne Moreau

Die Phönizier haben das Geld erfunden – aber warum so wenig?

Johann Nepomuk Nestroy

Ein gesunder Mensch ohne Geld ist halb krank.

Johann Wolfgang von Goethe

Lieber eine Stunde über Geld nachdenken, als eine Stunde für Geld zu arbeiten.

John D. Rockefeller

Es gibt kaum etwas auf dieser Welt, das nicht irgendjemand ein wenig schlechter und etwas billiger verkaufen könnte, und die Menschen, die sich nur am Preis orientieren, werden die gerechte Beute solcher Machenschaften. Es ist unklug, zu viel zu bezahlen, aber es ist noch schlechter, zu wenig zu bezahlen. Wenn Sie zu viel bezahlen, verlieren Sie etwas Geld, das ist alles. Wenn Sie dagegen zu wenig bezahlen, verlieren Sie manchmal alles, da der gekaufte Gegenstand die ihm zugedachte Aufgabe nicht erfüllen kann.

John Ruskin

Mit Geld kann man viele Freunde kaufen, aber selten ist einer seinen Preis wert.

Josephine Baker

Mit Geld kann man einen guten Hund kaufen, aber es wird nicht das Wedeln des Schwanzes erworben.

Josh Billings

Endlich weiß ich, was den Menschen vom Tier unterscheidet: Geldsorgen.

Jules Renard

Lebensstandard ist jener Standard, in dem man immer mehr Geld braucht, um so zu leben, wie man gar nicht leben möchte.

Julie Christie

Geld im Alter: Besser sterbend den Gegnern etwas hinterlassen als lebend die Freunde anbetteln.

Platon

Das Geld ist der allgemeine, für sich selbst konstruierte Wert aller Dinge. Es hat daher die ganze Welt, die Menschheit wie die Natur, ihres eigentümlichen Wertes beraubt. Das Geld ist das den Menschen entfremdete Wesen seiner Arbeit und seines Daseins, und dieses fremde Wesen beherrscht ihn, und er betet es an.

Karl Marx

Geldanleger haben das Gedächtnis eines Elefanten, das Herz eines Lammes und die Beine eines Hasen.

Karl-Otto Pöhl

Das Geld ist nichts als ein kleines Stück Faulheit.

Kasimir Malewitsch

Das beste Mittel, seiner Unabhängigkeit verlustig zu gehen, ist, das Geld auszugeben, das man nicht besitzt.

Kemal Atatürk

Niemand arbeitet so hart für sein Geld wie der, der es geheiratet hat.

Ken Hubbard

Geld macht nicht glücklich, aber reich.

Kilian Emmerich Stephan

Volkswirtschaft ist der Zeitpunkt, an dem die Leute anfangen, darüber nachzudenken, warum sie so wenig Geld haben.

Kurt Tucholsky

Jede Wirtschaft beruht auf dem Kreditsystem, das heißt, auf der irrtümlichen Annahme, der andere werde gepumptes Geld zurückzahlen.

Kurt Tucholsky

Geld will ernst genommen werden; sonst kommt es nicht zu dir.

Kurt Tucholsky

Der Mensch ist nicht frei, wenn er einen leeren Geldbeutel hat.

Lech Walesa

Geld ist eine neue Form der Sklaverei.

Leo Tolstoi

Bargeld ist Aladins Wunderlampe.

Lord Byron

Geld hat die unangenehme Eigenschaft, nicht den Gesetzen der Schwerkraft zu unterliegen. Es bewegt sich immer von unten nach oben.

Lothar de Maizière

Ich kann es mir nicht leisten, meine Zeit mit Geldverdienen zu vergeuden.

Louis Agassiz

Geld ist die einzige Macht, auf die Verlass ist.

Madonna

Probleme mit Geld sind besser als Probleme ohne Geld.
Malcolm Stevenson Forbes

Geld allein macht nicht glücklich, aber es ist besser, in einem Taxi zu weinen als in der Straßenbahn.
Marcel Reich-Ranicki

Die höchste Bewunderung aber trifft den, auf den das Geld keinen Eindruck macht.
Marcus Tullius Cicero

Geld ist schlecht, wenn andere es haben.
Mark Twain

Virtue has never been as respectable as money. Jugend genießt nicht so viel Ansehen wie das Geld.
Mark Twain

Geldmangel ist die Wurzel allen Übels.
Mark Twain

Geld kann den Hunger nicht stillen, sondern ist im Gegenteil der Grund für Hunger. Denn wo reiche Leute sind, da ist alles teuer.
Martin Luther

Wer kein Geld hat, dem hilft nicht, dass er fromm ist.
Martin Luther

Geld ohne Verstand ist immer eine gefährliche Sache.
Napoleon Hill

Geld ist jener sechste Sinn, der die Würdigung der anderen fünf erst ermöglicht.

Orson Welles

Als ich jung war, glaubte ich, Geld sei das Wichtigste im Leben, jetzt, wo ich alt bin, weiß ich: Es stimmt!

Oscar Wilde

Es gibt nur eine Klasse in der Gesellschaft, die mehr an Geld denkt als die Reichen. Das sind die Armen.

Oscar Wilde

Wenn wir kein Geld haben, dann brauchen wir wenigstens gute Ideen.

Oskar Lafontaine

Über Geld spricht man nicht, man hat es.

Jean Paul Getty

Geld ist wie eine schöne Frau: Wenn man es nicht richtig behandelt, läuft es einem weg.

Jean Paul Getty

Wenn man kein Geld hat, dann denkt man immer an Geld. Wenn man Geld hat, dann denkt man nur noch an Geld.

Jean Paul Getty

Wenn du in der Lage bist, dein Geld zu zählen, dann bist du nicht wirklich reich.

Jean Paul Getty

Vielleicht die beste Eigenschaft des Geldes liegt darin, dass man damit Freude bereitet kann. Aber nur die wenigsten nützen das auch.
Pearl S. Buck

Was der liebe Gott vom Gelde hält, kann man an den Leuten sehen, denen er es gibt.
Peter Bamm

Wer viel Geld hat und viel versteuern muss, hat auch hinterher noch viel Geld. Deshalb hab ich mich auch nie über die Ausgaben in England beklagt.
Phil Collins

Geld im Alter: Besser sterbend den Gegnern etwas hinterlassen als lebend die Freunde anbetteln.
Platon

Es entstehen ja alle Kriege um den Besitz des Geldes willen.
Platon

Kann sich jemand daran erinnern, wann die Zeiten nicht schlecht und das Geld nicht knapp war?
Ralph Waldo Emerson

Geld regiert die Welt. Danach sieht sie auch aus.
Richard Katz

Mit der Poesie ist kein Geld zu machen, aber es liegt auch keine Poesie im Geld.
Robert Graves

Geld: auf Vorrat gelegte Arbeit.

Ron Kritzfeld

Gold: nichtmagnetisches und dennoch anziehendstes aller Metalle.

Ron Kritzfeld

Geld haben ist schön, solange man nicht die Freude an Dingen verloren hat, die man nicht für Geld kaufen kann.

Salvador Dalí

Freundschaft ist wie Geld: Leichter zu erwerben als zu behalten.

Samuel Butler

Geld besitzen ist eine noch größere Tortur als es zu erwerben.

Lucius Annaeus Seneca

Mit den Armen und den Reichen steht es ebenso, musst du wissen: Beide leiden die gleiche Qual, beide hängen an ihrem Geld und keiner trennt sich ohne Schmerz von ihm.

Lucius Annaeus Seneca

Geld bedeutet – je nachdem es da ist oder fehlt – sowohl unabhängige als auch unterwürfige Meinungen.

Sigmund Graff

Nationalökonomie ist, wenn die Leute sich wundern, warum sie kein Geld haben.

Kurt Tucholsky

Ein großer Vorteil des Alters liegt darin, dass man nicht länger die Dinge begehrt, die man sich früher aus Geldmangel nicht leisten konnte.

Sir Charles Chaplin

Wer nicht versucht, so viel Geld rauszuschinden wie möglich, muss schon ziemlich dämlich sein.

Sir Mick Jagger

Geld korrumpiert – vor allem jene, die es nicht besitzen.

Sir Peter Ustinov

In der heutigen Zeit wird selbst ein Jüngling kaum einen anderen um seine Eigenschaften, seine Kunst, die Liebe eines schönen Mädchens oder seine Berühmtheit beneiden, nein, er wird ihn aber um sein Geld beneiden.

Sören Kierkegaard

Geld ist weder bös noch gut: es liegt an dem, der's brauchen tut.

Sprichwort

Geld spricht alle Sprachen.

Sprichwort

Was du mit Geld nicht bezahlen kannst, das bezahle wenigstens mit Dank.

Sprichwort

Für Geld kann man den Teufel tanzen lassen.

Sprichwort

Klopft man mit Geld an, springt die Tür von alleine auf.
Sprichwort

Wo Geld ist, da ist der Teufel; wo keines ist, da ist er zweimal.
Sprichwort

Wer Geld und keine Kinder hat, der ist nicht wirklich reich; wer Kinder und kein Geld hat, der ist nicht wirklich arm.
Sprichwort

Geld bringt mehr Leute um als eine Keule.
Sprichwort

Es ist nicht so gut mit Geld, wie es schlecht ist ohne.
Sprichwort

Gier nach Geld hält euch in Atem, bis Gier nach Geld euch den Atem nimmt.
Sprichwort

Geld ist zum Ausgeben da, denn es macht wenig Sinn, später mal der Reichste auf dem Friedhof zu sein.
Sprichwort

Heirate nie des Geldes wegen, von der Bank bekommst du es billiger!
Sprichwort

Wem die Arbeit nicht gefällt, den befriedigt auch kein Geld.
Sprichwort

Geld verbessert ganz dezent auch ein schlechtes Argument.
Sprichwort

Geld ist fraglos schön und gut. Sofern man es besitzen tut.
Sprichwort

Am besten erkennt man den Charakter eines Menschen bei Geldangelegenheiten, beim Trinken und im Zorn.
Talmud

Nicht Geld schafft Geld, Ideen schaffen Geld.
Theo Lieven

Wo viel Geld ist, geht immer ein Gespenst um.
Theodor Fontane

Geld: Der beste Köder, um nach Menschen zu fischen.
Thomas Fuller

Geld und nicht Moral ist die Maxime von Handelsnationen.
Thomas Jefferson

Verfüge nie über Geld, ehe du es hast.
Thomas Jefferson

Geld ist etwas, das nur kurz in deiner Tasche Halt macht – auf dem Weg zum Finanzamt.
Unbekannt

Denke immer daran: Geld ist nicht alles. Aber denke auch daran, zunächst viel davon zu verdienen, ehe du so einen Blödsinn redest.

Unbekannt

Mit Bezahlen verplempert man das meiste Geld.

Unbekannt

Warum ist am Ende des Geldes immer noch so viel Monat übrig?

Unbekannt

Wer nichts weiter macht als Geld verdienen, der verdient auch nichts anderes als Geld.

Unbekannt

Natürlich ist Geld nicht alles – aber es hilft einem, mit seinen Kindern besser in Kontakt zu bleiben.

Unbekannt

Ein Mensch ohne Geld ist wie ein Wolf ohne Zähne.

Unbekannt

Mit dem Geld ist es wie mit dem Toilettenpapier. Wenn man es braucht, braucht man es dringend.

Upton Beall Sinclair

Geld stinkt nicht.

Vespasian

Geld ist gut, doch leider hat es keinen Verstand, sonst wäre es nicht immer in den falschen Händen.
Volksmund

Der Wert des Geldes ist der Pulsschlag des Staates.
Voltaire

Wenn es sich um Geld handelt, gehört jeder der gleichen Religion an.
Voltaire

In der ersten Hälfte unseres Lebens opfern wir die Gesundheit, um Geld zu erwerben, in der zweiten Hälfte opfern wir unser Geld, um die Gesundheit wiederzuerlangen.
Voltaire

Bargeld ist die Kreditkarte des armen Mannes.
Walter Cavanagh

Der Lebensstandard ist der Versuch, sich heute das zu leisten, wofür man auch in zehn Jahren noch kein Geld haben wird.
Walter Matthau

Information über Geld ist fast so wichtig wie das Geld selbst.
Walter B. Wriston

Geldgeschenke sind phantasielos – vor allem kleine.
Werner Mitsch

Man darf kein Träumer sein, wenn man sein Geld im Schlaf verdienen will.
Werner Mitsch

Geld ist ein Argument. Und oft nicht einmal das schlechteste.
Werner Mitsch

Aktiv: Geld her oder ich schieße. Passiv: Geld her oder ich mache keinen Finger mehr krumm.
Werner Mitsch

Als der Teufel das Geld erfunden hatte, konnte er sich getrost zur Ruhe setzen.
Werner Mitsch

Geldheirat: Er hat vom Schwiegervater ein gutes Stück Brot gekriegt, aber ein schlechtes Stück Fleisch dazunehmen müssen.
Wilhelm Busch

Die meisten Menschen werden nur deswegen nicht reich, weil sie vor lauter Arbeit keine Zeit zum Geldverdienen haben.
William James Durant

Wo Geld vorangeht, sind alle Wege offen.
William Shakespeare

Die beliebteste arbeitssparende Maßnahme ist immer noch, Geld zu haben.
Phyllis George

Um wieder auf die Beine zu kommen, lass zwei Raten fürs Auto aus.
Unbekannt

Mit Geld kann man sich keine Freunde kaufen, aber man bekommt dadurch erstklassige Feinde.
Spike Milligan

Sobald es um Geld geht, sind Eltern und Kinder Fremde.
Japanisches Sprichwort

Erst wenn der letzte Baum gerodet, der letzte Fluss vergiftet, der letzte Fisch gefangen ist, werdet ihr feststellen, dass man Geld nicht essen kann.
Spruch der Creek-Indianer

Der Pfennig ist die Seele der Milliardäre.
Grete Schickedanz

Durch die Arbeit wurde der Affe zum Menschen, und durch das Geld wurde der Mensch wieder zum Affen.
Matthias Scharlach

Mit Geld bist du ein Drache – ohne Geld ein Wurm.
Japanisches Sprichwort

Wirklich genießen kann man nur Geld, das man mühsam verdient hat. Aber wenn man es mühsam verdient hat, hat man keine Zeit, es zu genießen.

Aldous Huxley

Viel Geld erwerben, ist eine Leistung – Geld bewahren, erfordert eine gewisse Weisheit – Geld schön ausgeben, ist eine Kunst.

Unbekannt

Je mehr Geld man hat, desto mehr Leute lernt man kennen, mit denen einen nichts verbindet außer Geld.

Tennessee Williams

Geld flieht überall dort, wo es mit Gewalt festgehalten wird.

André Kostolany

Geld ist nötig, um jederzeit Goethe zitieren zu dürfen: Götz von Berlichingen

André Kostolany

Alles, was die Sozialisten von Geld verstehen, ist die Tatsache, dass sie es von anderen haben wollen.

Konrad Adenauer

Geld ist ein scheues Reh.

Geschäftsweisheit

Wir sitzen alle im gleichen Dampfer: die einen rudern und die andern schaufeln die „Kohlen".

Unbekannt

Verteilt alles Geld dieser Welt gerecht an alle Erdbewohner. Gebt heute Mittag jedem hundert Dollar. Morgen Mittag hat die eine Hälfte der Bevölkerung nichts mehr und die andere Hälfte hat zweihundert. Der Vorgang wird sich so lange wiederholen, bis die heutigen Besitzverhältnisse wieder hergestellt sind.

Unbekannt

Geschäfte

Der Mensch ist das einzige Tier, das feilscht – kein Tier tut das: kein Hund tauscht Knochen mit einem anderen Hund.
Adam Smith

Timing is money.
André Kostolány

Es ist die erste kaufmännische Weisheit: Wo noch ein Groschen zu gewinnen ist, diesen nicht außer Acht lassen.
Anton Philipp Reclam

Frage lieber einen erfahrenen Mann um Rat als einen Gelehrten.
Arabisches Sprichwort

Es gibt Leute, die bei einem Fünfzig-Fünfzig-Vorschlag darauf bestehen, auch noch den Bindestrich zu kriegen.
Lawrence J. Peter

Ein Geschäft eröffnen, ist leicht. Schwer ist, es geöffnet zu halten.
Chinesisches Sprichwort

Ein Mensch ohne Lächeln sollte kein Geschäft aufmachen.
Chinesisches Sprichwort

Es liegt im Interesse der kaufmännischen Welt, dass überall Reichtümer zu finden sind.
Edmund Burke

Ein jeder denkt, wie es sein Geschäft von ihm verlangt.
George Bernard Shaw

Nichts ist erniedrigender, als Narren zu sehen, die in Geschäften erfolgreich sind, bei denen wir versagt haben.
Gustave Flaubert

Geschäftserfolg ist der Saldo aus geglückten und missglückten Entscheidungen. Wesentlich ist der Überdruss.
Hans Lutz Merkle

Ein Geschäft, bei dem man nichts außer Geld verdient, ist kein Geschäft.
Henry Ford

Ich begreife nicht, warum man über geschäftstüchtige Frauen die Nase rümpft. Meines Wissens ist Geschäftstüchtigkeit kein sekundäres männliches Geschäftsmerkmal.
Jane Fonda

Der Mensch ist von Geburt an gut, aber die Geschäfte machen ihn schlecht.
Konfuzius

Wer andere mit Wortgewandtheit übertrumpft, handelt sich damit oft Missgunst ein.
Konfuzius

Geschäft: Die Kunst, von einem anderen Geld herauszuschlagen, ohne zu Gewaltmittel Zuflucht nehmen zu müssen.
Max Amsterdam

Mein Vater sagte immer: „Du darfst nie versuchen, alles aus einem Handel herauszuholen. Lass die anderen auch mit verdienen, denn wenn du erst einmal den Ruf hast, dass du immer absahnst, wirst du nicht viele Geschäfte machen."
Jean Paul Getty

Der Verkauf von Dienstleistungen lebt vom Vertrauen.
Peter Dussmann

Eine anständige Art der Geschäftsführung ist auf die Dauer das erträglichste.
Robert Bosch

Es gibt Menschen, die die außerordentliche Gabe haben, alles in ein Geschäft zu verwandeln, deren ganzes Leben ein Geschäft ist, die sich verlieben und heiraten, einen Witz hören und ein Kunststück bewundern, alles mit dem gleichen Geschäftseifer, mit dem sich auch ihre Arbeit im Büro verrichten.
Sören Kierkegaard

Iss mit deinem Freund, aber mach mit ihm keine Geschäfte.
Sprichwort

Sei am Tage mit Lust bei den Geschäften, aber mache nur solche, dass du nachts ruhig schlafen kannst.
Thomas Mann

Ein Kaufmann macht durch allzu vieles Rühmen der Ware, die ihm feil ist, nur verdächtig.
Vergil

Kein Mensch ist unersetzbar in Geschäften.
Wilhelm von Humboldt

Ein Geschäft ist dann ein Geschäft, wenn man dem Finanzamt nachweisen kann, dass es gar kein Geschäft ist.
Unbekannt

Geschäfte sind heute das, was früher die Kriege waren. Die Waffen sind allerdings noch gefährlicher geworden.
Jacques Kaplan

Gewinn

Wenn wir nie etwas wagen, gewinnen wir nie etwas. Der konservative Mensch, der immer ganz sicher gehen möchte, ist ein verknöchertes Wesen.

Alexis Carrel

Gewinnen kann man, verlieren kann man, aber zurückgewinnen: unmöglich.

André Kostolány

Gewinn steht doch bei den meisten Menschen, in der Rangordnung, der Ehre vor.

Aristoteles

Der Reingewinn ist der Teil der Bilanz, den der Vorstand beim besten Willen nicht mehr vor den Aktionären verstecken kann.

Carl Fürstenberg

Wenn man nicht verlieren kann, verdient man auch nicht zu gewinnen.

Edward Moore Kennedy

Wer den Verlust fürchtet, der kann keine Gewinne machen.

George Soros

Die Rüstung ist das gewaltigste Geschäft, dass je in der Weltpolitik getätigt wurde. Kein anderer Wirtschaftszweig erreicht jene Milliardengewinne, die in der Kriegsindustrie selbstverständlich sind.

Günther Schwab

Gewinn ist der Ertrag der Unternehmung abzüglich der Kosten für die Zukunftsvorbereitung.

Harald Jürgensen

Die Erträge von heute sind die Investitionen von morgen und die Investitionen sind die Arbeitsplätze und Masseneinkommen von übermorgen.

Helmut Schmid

Du sollst die Dienstleistung über den Gewinn stellen. Der Gewinn muss nicht die Basis, sondern das Resultat der Dienstleistung sein.

Henry Ford

Gewinn ist notwendig wie die Luft zum Atmen, aber es wäre schlimm, wenn wir nur wirtschafteten, um Gewinne zu machen, wie es schlimm wäre, wenn wir nur lebten, um zu atmen ...

Hermann Josef Abs

Wer am Gipfel eines Baumes Früchte sehen will, der nähre seine Wurzeln.

Johann Gottfried von Herder

Gewinn ist das Geld, das zählt.

Lothar Schmidt

Wer arbeitet, strebt nach Gewinn: Geldgewinn, Lustgewinn, Prestigegewinn. Auf die Mischung kommt es an.

Lothar Schmidt

Die soziale Aufgabe des Unternehmens ist es, Gewinne zu machen. Je höher der Gewinn ist, desto sozialer verhält sich der Unternehmer.

Milton Friedman

Den Gewinn zu beschützen bedarf es so viel Kraft, wie ihn erst zu erwerben.

Ovid

Das schlimmste Verbrechen gegenüber den arbeitenden Menschen verübt ein Unternehmen, das keine Profite macht.

Samuel Gompers

Wucher ist nicht das sicherste Mittel zum Gewinn, obwohl eines der schlechtesten, da er nichts anderes bedeutet, als sein Brot zu essen „im Schweiße des Angesichts eines anderen".

Sir Francis Bacon

Nach der Meinung der Sozialisten ist es ein Laster, Gewinn zu erzielen. Ich bin dagegen der Ansicht, dass es ein Laster ist, Verluste zu machen.

Sir Winston Churchill

Allzeit gewinnen macht verdächtig, allzeit verlieren macht verächtlich.
Sprichwort

Der Gewinn – das muss so sein – sei er auch hoch, ist stets zu klein.
Sprichwort

Wer immer „ja" sagt, macht Umsatz. Wer auch mal „nein" sagt, macht Gewinn.
Unbekannt

Gewinn anderer wird fast wie Verlust empfunden.
Wilhelm Busch

Gewinn ist Segen, wenn man ihn nicht stiehlt.
William Shakespeare

Es ist sonderbar, dass die schmutzigsten Geschäfte oft den größten Rein-Gewinn abwerfen.
Willy Reichert

Es versteht sich von selbst, dass man nicht zugleich hohe Prinzipien und hohe Profite haben kann.
Howard R. Hughes

Inflation

Wenn man bedenkt, dass das Geld jedes Jahr fünf Prozent von seinem Wert verliert, kann man sagen: Geld verdunstet in 20 Jahren.

Danny Kaye

Die schlimmste Steuer auf den Besitz von Geld ist die Inflation.

Helmut Schlesinger

Inflation: Außer Preise setzt sie alles herab.

Ron Kritzfeld

Die Inflation ist über einen Dollar pro Bier gestiegen.

W. C. Fields

Inflation: Ein ganzes Volk geht Pleite.

Werner Mitsch

Inflation ist, wenn das Geld hochstapelt.

Wolfram Weidner

Die Inflation ist wie eine Schwangerschaft; auf legalem Wege kann man sie nicht mehr aufhalten.

Leon Henderson

Wenn die Regierung das Geld verschlechtert, um alle Gläubiger zu betrügen, so gibt man diesem Verfahren den höflichen Namen Inflation.

George Bernard Shaw

Inflation ist Wohlstand mit hohem Blutdruck.

Unbekannt

Inflation ist Armut mit viel Geld in der Tasche.

Unbekannt

Inflation ist eine Antriebskraft, welche die Wirtschaft derart in Fahrt bringt, dass sie nicht mehr zu bremsen ist.

Georges Elgozy

Vision möglicher Steigerungsformen der Inflation: schleichende, trabende, galoppierende Inflation, Stagflation, Resignation, Planifikation, Planwirtschaft.

Arno Sölter

Die Inflation beginnt wie die Masern, aber sie endet wie die Lepra.

Pino Mazza

Der Kampf gegen die Inflation in den Ländern der EG gleicht einer Operation, bei der man sich ständig narkotisiert, aber niemals schneidet.

Marcel Lesueur

Inflation ist das erste Wundermittel des schlecht geführten Staates. Das zweite Wundermittel ist der Krieg. Beide führen zu zeitweiligem Wohlstand, und beide führen zu völligem Zusammenbruch.

Ernest Hemingway

Inflation ist der periodisch wiederkehrende Beweis für die Tatsache, dass bedrucktes Papier bedrucktes Papier ist.

Helmar Nahr

Inflation ist in den meisten Fällen eine subtile Form der entschädigungslosen Enteignung derjenigen, die Geldvermögen besitzen.

Helmut Schlesinger

Inflation ist die Methode, einen Geldschein zu halbieren, ohne das Papier zu verletzen.

Unbekannt

Kapitalismus

Von einer gewissen Summe an sagt man zum Geld Kapital.

Börsenweisheit

Kapitalflucht: Das Kapital gibt Fersengeld.

Lothar Schmidt

Was ist Kapitalismus? Die Ausbeutung des Menschen durch den Menschen. Und was ist Kommunismus? Das Gegenteil.
Unbekannt

Im Kapitalismus gibt es Leute, die bereit sind, für Geld alles zu tun, im Sozialismus tut man auch für Geld nichts.
Zarko Petan

Viele Kapitalisten verbringen ein Drittel ihres Lebens damit, Kapital zu schaffen, ein Drittel der Zeit, ihr Geld zu bewahren, und das letzte Drittel mit der Überlegung, wie sie es vererben sollen.
André Kostolany

Sinnlos, einem Kapitalisten Vorwürfe zu machen; er ist ja das Einstecken gewohnt.
Bert Berkensträter

Die kapitalistische Wirtschaft blüht in einem Raum, in dem man von der Ungleichheit der Menschen als einer natürlichen Gegebenheit ausging. Dem Begabten, dem Tüchtigen standen genügend Freiräume zu seiner Entfaltung zur Verfügung. Seine Leistungen und seine Bereitschaft zum Risiko wurden durch entsprechende Gewinnmöglichkeiten belohnt.
Jörg Mittelsten Scheid

Kapitalismus ist das schlechteste aller Gesellschaftssysteme – für Leute, die kein anderes erlebt haben.
Gabriel Laub

Kapitalismus: Die einen arbeiten für ihr Geld, die anderen lassen ihr Geld für sich arbeiten.
Gerhard Uhlenbruck

Kapitalisten sind Menschen, die etwas Gewinnendes an sich haben.
Hans-Dietrich von Seydlitz

Der Kapitalismus ist eine kriminelle Vereinigung, von der wir alle ziemlich profitieren.
Peter Zadek

Kapitalisten sind eine Gesellschaft, die mit schlechten Schlagern so viel Geld verdient, dass sie sich die elitären Festspiele leisten kann.
Werner Schneyder

Meine Definition des Kapitalismus: Der Weg, auf dem ein amerikanisches Mädchen zu einer amerikanischen Frau wird.
Christopher Hampton

Konkurs

Manche Leute verstehen unter einem stillen Teilhaber einen Mann, der keinen Krach schlägt, wenn er bei einem Konkurs sein Geld verliert.
Henry Ford

Konkurs – was ist das anderes als eine Sanierung über den Markt?

Jean-Paul Blum

Pleiten sind unvermeidlich, wenn das Ausmaß der Reklamationen die Aussagen der Reklame übertrifft.

Ron Kritzfeld

Kredit

Gläubiger haben meistens ein besseres Gedächtnis als Schuldner. Fälligkeitstermine sind für sie dasselbe, was die hohen Festtage des Jahres für die übrigen Menschen sind.

Benjamin Franklin

Fersengeld ist nicht selten das einzige Geld, das der Schuldner dem Gläubiger gibt.

Hellmut Walters

Das Kundenkreditsyndrom: Gibt man einem Kunden nur begrenzt Kredit, geht er zur Konkurrenz. Gibt man ihm unbegrenzt Kredit, geht er in Konkurs.

Helmar Nahr

Kredit ist ein Regenschirm, den man bei Sonnenschein bekommt, aber beim ersten Regentropfen zurückgeben muss.

Lord Philip Dormer Chesterfield

Der Kredit ist die Haupstütze der Regierungen.
Lothar Schmidt

Alles wird uns heimgezahlt, wenn auch nicht von denen, welchen wir geborgt haben.
Marie von Ebner-Eschenbach

Kredit ist schlummerndes Misstrauen.
Thomas Paine

Der Kredit ist das Blut der Wirtschaft; die Kontrolle über den Kredit ist die Kontrolle über die gesamte Gesellschaft.
Upton Beall Sinclair

Kredit = Eine durch reale Leistungen erzeugte Idee der Zuverlässigkeit.
Johann Wolfgang von Goethe

Ein auf Kredit gekauftes Schwein grunzt das ganze Jahr.
Spanisches Sprichwort

Kredite wirken wie Drogen. Die Dosen erhöhen sich, die Wirkung lässt nach. Man kommt schwer davon los. Die Entziehungskur ist schmerzlich.
Hartmut Perschau

Wenn mich jemand um ein Darlehen bittet, dann frage ich immer meinen Anwalt. Und sagt der „Ja" dazu, dann nehme ich mir einen anderen Anwalt.
Henry Ford

Kunden

Es reicht nicht, wenn unsere Manager großartige Wirtschaftsfachleute oder auch tolle Techniker sind, wenn sie den Menschen, also ihren Kunden, längst aus dem Auge verloren haben.
Daniel Goeudevert

Es gibt nur einen Boss: den Kunden. Er kann jeden im Unternehmen feuern, von der Geschäftsleitung abwärts, ganz einfach, indem er sein Geld woanders ausgibt.
Sam Moore Walton

Wir müssen an erster Linie an den Kunden denken, wenn wir wollen, dass der Kunde auch an uns denkt.
Emil Oesch

Vergisst du den Kunden, so hat er dich bereits vergessen.
Heinz Goldmann

Der wahre Präsident des Unternehmens ist der Konsument.
Helmut Maucher

Wir wollen, dass unsere Kunden wiederkommen und nicht unsere Produkte.
Ingo Reichardt

Ein falscher Satz zur falschen Zeit, am falschen Ort – und schon ist der Kunde fort.
Jürg W. Leipziger

Viele erfolglose Verkäufer geben ihren Kunden zu ausführliche Antworten auf nicht gestellte Fragen.

Jürgen Schoemen

Der Kunde ist die erste und die letzte Instanz aller unternehmerischen Entscheidungen.

Peter Dussmann

Kunden sind ein fauler Haufen, die ohne Werbung oft nicht kaufen.

Sprichwort

Marketing

Wir vermarkten nicht bereits entwickelte Produkte, sondern wir entwickeln einen Markt für Produkte, die wir herstellen.

Akio Morita

Man muss die Merkmale, die einen deutlich vom Wettbewerb abheben, betonen und darf sich nicht dazu verleiten lassen, sie zu verwässern.

Anita Roddick

In der Fabrik stellen wir Kosmetika her. Über die Ladentheke verkaufen wir Hoffnung.

Charles Haskell Revson

Je stärker eine Ware als ein wirklicher „Glücksfall" oder als eine besondere Gelegenheit empfunden wird, desto mehr verschwinden preisliche Bedenken.
Heinz Goldmann

Erfolgreiches Marketing ist immer einfach. Es gründet sich auf solide Arbeit bei Produkten und Dienstleistungen – und am Wichtigsten: auf Wahrheit.
Michael J. Pabst

Wir haben immer wieder neue Wege zum Kunden gefunden.
Michael R. Quinlan

Die Fähigkeit, auf welche die Menschen den meisten Wert legen, ist die Zahlungsfähigkeit.
Oskar Blumenthal

Wenn man eine Marke bekannt machen will, gibt es zwei Wege: der eine ist, sehr viel Geld in PR und Werbung zu investieren. Der andere ist, Aufsehen zu erregen.
Otto Kern

Marketing heißt, den Hühnern die Füße platt zu schlagen und sie dann als Enten zu verkaufen.
Unbekannt

Ich habe kein Marketing gemacht. Ich habe immer nur meine Kunden geliebt.
Zino Davidoff

Es ist ein wahres Gift für eine Erfindung, wenn sie zu früh und zu schnell auf den offenen Markt getrieben wird! Der Rückschlag bleibt nicht aus und zerstört auch den gesunden Kern, der Zeit zum Wachsen braucht und Ruhe.

Werner von Siemens

Millionäre

Ich war mit fünf Millionären verheiratet, und ich muss sagen, es war immer wieder ein schönes Gefühl.

Zsa Zsa Gabor

Ein Millionär ist ein Mann, der gelernt hat, mit Nullen richtig umzugehen.

Unbekannt

Ein Milliardär ist ein Mann, der auch mal klein als Millionär angefangen hat.

Jerry Lewis

Ein Millionär ist ein Mann ohne Eigenschaften.

Karel Trinkewitz

Politiker

Ein Politiker denkt an die nächste Wahl, ein Staatsmann an die nächste Generation.

James F. Clarke

Politiker zu kaufen ist altmodisch; in der modernen Demokratie kauft man Wähler.

Johannes Gross

Ein Staatsmann ist ein erfolgreicher Politiker, der tot ist.

Thomas Brackett Reed

Politiker sind nicht bestechlicher als andere Leute, aber bei den anderen lohnt es sich nicht.

Wolfram Weidner

Eines der Dinge, die mich die Politik gelehrt hat ist, dass Männer keine vernunftbegabten oder vernünftigen Wesen sind.

Margaret Thatcher

Wenn in der Politik etwas gesagt werden soll, fragt man einen Mann. Wenn etwas getan werden soll, fragt man eine Frau.

Margaret Thatcher

Wenn nach Goethe die Politik „eine Hure" ist, was ist dann ein ganzes Parlament?

Hans-Horst Skupy

Wahrhaftigkeit und Politik wohnen selten unter einem Dach.
Stefan Zweig

Mir ist ein Präsident lieber, der's mit den Frauen treibt, als einer, der's mit seinem Land treibt.
Shirley Maclaine

Die meisten Politiker sind wie Marshmallows – wackelweich.
Peter Gauweiler

Es liegt an neunzig Prozent der Politiker, dass die anderen zehn Prozent einen schlechten Ruf haben.
Henry Kissinger

Politiker rechnen so sehr mit der Stimme ihrer Wähler, dass sie nicht dazu kommen, sie zu hören.
Werner Schneyder

Politik ist der Spielraum, den die Wirtschaft ihr lässt.
Dieter Hildebrandt

Politik ist die Kunst, das eigene Wunschdenken für die anderen so zu formulieren, dass sich ihr Wunschdenken damit deckt.
Gerhard Uhlenbruck

Politik ist wie Skat: erst richtig reizen, dann richtig stechen.
Wolfgang Mischnik

Politiker sind überall gleich. Sie versprechen, Brücken zu bauen, auch wenn gar keine Flüsse vorhanden sind.
Nikita Chruschtschow

Diplomaten sind Leute, die ungern sagen, was sie denken. Politiker sind Leute, die ungern denken, was sie sagen.
Carlo Franchi

Ein Politiker ist jemand, mit dessen politischer Meinung du nicht übereinstimmst. Tust du es, dann ist er ein Staatsmann.
David Lloyd George

Manche Politiker sind wie Akkordeons: Zunächst machen sie viel Wind, aber dann fügen sie sich dem Druck.
Wolfgang Gruner

Vollblutpolitiker sind Leute, deren Fingerspitzengefühl sich in die Ellenbogen zurückgezogen hat.
Albert Mathias Kreuels

Vollkommene Politik besteht darin, niemals das letzte Motiv zu enthüllen.
Benjam Disraeli

In der Politik bedeuten Experimente Revolutionen.
Benjamin Disreali

Es gehört zum Merkmal eines Politikers, sich grundsätzlich an nichts erinnern zu können.
Eberhard von Brauchitsch

Je öfter sich ein Politiker widerspricht, desto größer ist er.
Friedrich Dürrenmatt

Große Politiker können ganz leere Menschen sein.
Friedrich Nietzsche

Wo Politik ist oder Ökonomie, da ist keine Moral.
Friedrich von Schlegel

Für einen Politiker ist es gefährlich, die Wahrheit zu sagen. Die Leute könnten sich daran gewöhnen, die Wahrheit hören zu wollen.
George Bernard Shaw

Leidenschaftliche Politiker schaffen es gelegentlich, Leiden zu schaffen.
Hans-Horst Skupy

Jede Partei hat ein Zukunftsprogramm, keine Partei weiß, was sie heute tun soll.
Johann Heinrich Pestalozzi

Die Wahlphilosophie der Parlamentskandidaten besteht einfach darin, dass sie ihrer linken Hand erlauben, nicht zu wissen, was die rechte tut, und so waschen sie beide Hände in Unschuld.
Karl Marx

In der Politik handelt es sich gar nicht darum, Recht zu haben, sondern Recht zu behalten.
Konrad Adenauer

Die Politik ist ein Gewerbe wie jedes andere auch.
Kurt Tucholsky

Die Vermögenspolitik darf nicht dazu führen, dass die Gewinne sozialisiert und die Verluste privatisiert werden.

Kurt Biedenkopf

Was manche Politiker nicht im Kopf hben, haben sie im Kehlkopf.

Peter Handke

Jeder Politiker sollte als Waisenkind zur Welt kommen und Junggeselle bleiben.

Lady Bird Johnson

Ich liebe Politiker auf den Wahlplakaten. Sie sind tragbar, geräuschlos und leicht zu entfernen.

Loriot

Es gibt Politiker, die meinen, von nichts etwas verstehen zu müssen, weil man nur so unbefangen über alles Mögliche reden könne.

Lothar Späth

Ein Politiker sollte nicht ständig seine Grundüberzeugungen ändern. Erfolgreiche Politik setzt den Mut voraus, langweilig zu sein.

Manfred Rommel

Es gibt zwei Arten, aus der Politik einen Beruf zu machen: Entweder man lebt für die Politik oder aber von der Politik.

Max Weber

Ich liebe politische Gesellschaften. Das ist der einzige Ort, der uns geblieben ist, wo die Leute nicht über Politik reden.
Oscar Wilde

Politiker werden nach ihrer Standfestigkeit beurteilt. Leider. Darum beharren sie auf ihren Irrtümern.
Oscar Wilde

Die Politik ist keine Wissenschaft, wie viele der Herren Professoren sich einbilden, sondern eine Kunst.
Otto von Bismarck

Politik ist eben an sich keine logische und exakte Wissenschaft, sondern sie ist die Fähigkeit, in jedem wechselnden Moment der Situation das am wenigsten Schädliche oder Zweckmäßige zu wählen.
Otto von Bismarck

Es stimmt nicht, dass Politiker nur an die nächste Wahl denken. Sie denken auch an die übernächste.
Ralf Bülow

Angeschlagene Politiker sind wie angeschlagene Boxer: doppelt gefährlich.
Sir Edward Heath

Politiker sind unbestechlich, sie nehmen noch nicht einmal Vernunft an.
Sprichwort

Autovertreter verkaufen Autos, Versicherungsvertreter Versicherungen. Und Volksvertreter?

Stanislaw Jerzy Lec

Der erfolgreichste Politiker ist derjenige, der das sagt, was alle denken, und – der es am lautesten sagt.

Theodore Roosevelt

Politik besteht darin, Gott so zu dienen, dass man den Teufel nicht verärgert.

Thomas Fuller

Es ist ein gewöhnlicher Irrtum in der Politik, Mittel und Zweck zu verwechseln.

Thomas Lord Macaulay

Das schwierigste Problem der Politiker besteht darin, den Steuerzahler zu schröpfen, ohne den Wähler zu schädigen.

Unbekannt

Politisches Theater: auf einen Darsteller zehn Souffleure.

Wieslaw Brudzinski

Die politische Freundschaft hat eine andere Qualität als die private.

Willy Brandt

Politiker sind Männer, die das Fell des Bären teilen, den sie uns aufgebunden haben.

Willy Reichert

Ist nicht sofort ersichtlich, welche politischen oder sozialen Gruppen, Kräfte oder Größen bestimmte Vorschläge, Maßnahmen usw. vertreten, sollte man stets die Frage stellen: Wem nützt es?

Wladmimir Iljitsch Lenin

Politik ist die größte Wissenschaft von allen.

Vauvenargues

Reichtum

Wenn man reich ist, kann man sich den Luxus leisten, anderen zu missfallen.

Aldous Huxley

Schon manche sind durch Reichtum zugrunde gegangen.

Aristoteles

Ein reicher Mann ist oft nur ein armer Mann mit sehr viel Geld.

Aristoteles Onassis

Reiche Leute haben Vettern und Muhmen in jedem Winkel der Welt; der Arme ist nur mit dem Elend verwandt.

August von Kotzbue

Der Weg zum Reichtum hängt hauptsächlich an zwei Wörtern: Arbeit und Sparsamkeit.

Benjamin Franklin

Niemand ist so reich, dass er nicht durch die falsche Entscheidung arm werden könnte.

Bernie Cornfeld

Reich ist derjenige, der einen so großen Besitz hat, dass er sich nichts mehr wünscht.

Marcus Tullius Cicero

Armut ist keine Schande, Reichtum auch nicht.

Curt Walter Goetz

Reich ist man nicht durch das, was man besitzt, sondern mehr noch durch das, was man mit Würde zu entbehren weiß.

Epikur

Viele verachten den Reichtum, aber wenige sind bereit, ihn hinzugeben.

François de la Rochefoucauld

Die Reichen haben eine ebenso lebhafte wie unbegreifliche Leidenschaft für Sonderangebote.

Françoise Sagan

Reich ist man dann, wenn man nicht mehr weiß, wozu man sein Geld verdient.

Frank Sinatra

Was ist Reichtum? Für jemanden ist ein altes Hemd schon Reichtum. Ein anderer ist mit zehn Millionen arm.

Franz Kafka

Zu haben, was man will, ist Reichtum; es aber ohne Reichtum zu tun, ist Kraft.
George Bernard Shaw

Menschen, die hart, habgierig und stets bereit sind, ihre Nachbarn auszunutzen, werden sehr reich.
George Bernard Shaw

Man muss nicht reicher scheinen wollen, als man ist.
Gotthold Ephraim Lessing

Reich wird man nicht vom Geld, das man verdient, sondern von dem Geld, das man nicht ausgibt.
Henry Ford

Wer gut wirtschaften will, sollte nur die Hälfte seiner Einnahmen ausgeben, wenn er reich werden will, sogar nur ein Drittel.
Hermann Josef Abs

Der Reiche ist entweder selbst ein Gauner oder der Erbe eines Gauners.
Hieronymus

Ich bin reich und arm gewesen. Reich ist doch entschieden besser.
Hugh Heffner

Reich ist man, wenn man etwas hat, das mehr wer ist als materielle Dinge.
Ingeborg Bachmann

Reichtum ist genau wie Sex: Du denkst an nichts anderes, wenn du ihn nicht hast, und du denkst an was anderes, wenn du ihn hast.

James Baldwin

Der Reichtum ist das Gepäck des Glücks.

James Howell

Es gibt sicherlich so viele Männer mit großem Vermögen auf der Welt wie hübsche Frauen, die sie verdienen.

Jane Austen

Der Reichen Überdruss wär der Armen Überfluss.

Johann Fischart

Prozesse sind die Blumen, die am üppigsten auf den Gräbern reicher Leute blühen.

Johann Nepomuk Nestroy

Reich oder arm, das Schicksal findet bei jedem das Fleckerl heraus, wo er kitzelig ist.

Johann Nepomuk Nestroy

Wenn eine freie Gesellschaft den vielen, die arm sind, nicht helfen kann, kann sie auch die wenigen nicht retten, die reich sind.

John F. Kennedy

Reichtum ist das Produkt der Arbeit.

John Locke

Setze deinen Reichtum nicht auf den Rat eines Armen.
Juan Manuel von Kastilien

Das wirkliche Drama der reichen Leute ist es, dass es immer noch reichere gibt.
Karl Lagerfeld

Reichtum muss durch Bewegung paralysiert werden, sonst wirkt er als Totes nach chemischen Gesetzen verderblich auf den Besitzer.
Karl Leberecht Immermann

Man muss sich einen Stecken in der Jugend schneiden, damit man im Alter daran gehen kann.
Konfuzius

Einem Reichen darf man seine Armut nicht zeigen, einem Armen seinen Reichtum nicht.
Kurt Guggenheim

Reichtum macht das Herz schneller hart als kochendes Wasser ein Ei.
Ludwig Börne

Mit dem Reichtum fertig zu werden, ist auch ein Problem.
Ludwig Ehrhard

Menschen, die nach immer größerem Reichtum jagen, ohne sich jemals Zeit zu gönnen, ihn zu genießen, sind wie Hungrige, die immerfort kochen, sich aber nie zu Tisch setzen.
Marie von Ebner-Eschenbach

Reichtum ist das geringste Ding auf Erden und die allerkleinste Gabe, die Gott einem Menschen geben kann – darum gibt unser Herrgott gemeiniglich Reichtum den groben Eseln, denen er sonst nichts gönnt.

Martin Luther

Jeder kann reich sterben, wenn er sich entschließt, arm zu leben.

Michael Broadbent

Der Reichtum besteht nicht im Besitz von Schätzen, sondern in der Anwendung, die man von ihnen zu machen versteht.

Napoléon Bonaparte

Unser Jahrhundert beweihräuchert den Reichtum. Reichtum ist die Gottheit dieses Jahrhunderts.

Oscar Wilde

Es gibt nur eine Klasse in der Gesellschaft, die mehr an Geld denkt als die Reichen, und das sind die Armen. Die Armen können an nichts anderes denken. Das ist die Misere des Armseins.

Oscar Wilde

Reich ist man erst dann, wenn man sich in seiner Bilanz um einige Millionen Dollar irren kann, ohne dass es auffällt.

Jean Paul Getty

Reichtum: Sein Prestige ersetzt alles, sogar das Ansehen.

Gustave Flaubert

Die Kunst, reich zu werden, besteht nicht aus Geschäften, noch weniger aus Sparsamkeit, sondern aus besserer Ordnung, aus Pünktlichkeit, aus der Fähigkeit, am richtigen Ort zu sein.

Ralph Waldo Emerson

Wahrer Reichtum besteht nicht im Besitz, sondern im Genießen.

Ralph Waldo Emerson

Der größte Luxus des Reichtums ist es, dass er dich in die Lage versetzt, vielen guten Ratschlägen zu entgehen. Die Reichen beraten die Armen fortwährend, aber die Armen erlauben es sich selten, das Kompliment zu erwidern.

Sir Arthur Helps

Ein gesunder Armer ist ein halber Reicher.

Sprichwort

Der Arme kennt seine Verwandten besser als der Reiche.

Sprichwort

Reichtum ist des Glückes Plunder.

Sprichwort

Viele haben zuviel, aber keiner genug.

Unbekannt

Viel mehr Menschen müssen mit dem geistigen als mit dem materiellen Existenzminimum auskommen.

Unbekannt

Reichtum ist das geringste Ding auf Erden und die allerkleinste Gabe, die Gott einem Menschen geben kann – darum gibt unser Herrgott gemeiniglich Reichtum den groben Eseln, denen er sonst nichts gönnt.

Martin Luther

Schulden

Über den Umgang mit Schuldnern und Gläubigern habe ich wenig zu sagen. Man sei menschlich, billig und höflich gegen die ersteren.

Adolph Freiherr von Knigge

Der ehrliche Schuldner ist einer, der seine Erben enttäuscht, nie jedoch seine Gläubiger!

André Kostolany

Gläubiger haben ein besseres Gedächtnis als Schuldner.

Benjamin Franklin

Nur die Schulden, die man bezahlen kann, sind langweilig.

Francis Picabia

Schulden und Lügen sind im Allgemeinen vermischt.

François Rabelais

Schulden: Anerkannte Methode, Vermögenssteuer zu sparen.

Michael Schiff

Wenn du der Bank 100 Dollar schuldest, dann hast du ein Problem. Wenn du der Bank 100 Millionen Dollar schuldest, dann hat die Bank ein Problem.

Jean Paul Getty

Schulden: Nichts trennt mehr als Verbindlichkeiten.

Ron Kritzfeld

Schuldenmacher sind Lügner.

Samuel Smiles

Schulden machen heißt, von der Zukunft leben.

Sprichwort

Vor Schulden, die man gemacht hat, auch Staatsschulden, kann man nur eine Zeitlang davonlaufen, eingeholt wird man schließlich doch.

Milton Friedman

Wer genau Buch über seine Schulden führt, kann nicht deswegen schon mit Geld umgehen.

Unbekannt

Ich zahle: So bin ich niemand; ich schulde: So bin ich jemand.

Emil Baschnonga

Sparen

Den Gürtel enger zu schnallen verlangen vor allem jene, die ihren Wohlstandsbauch schon mit Hosenträgern abgesichert haben.
Bernhard Vogel

Unsere Sparer sind dumm und unverschämt. Dumm sind sie, weil sie uns ihr Geld geben. Unverschämt sind sie, weil sie dafür Zinsen haben wollen.
Hermann Josef Abs

Wir wollen alle Tage sparen, und brauchen alle Tage mehr.
Johann Wolfgang von Goethe

Die Menschen verstehen nicht, welch große Einnahmequelle in der Sparsamkeit liegt.
Marcus Tullius Cicero

Die meisten sind ja nur solidarisch auf Kosten anderer: Sparen ja! Aber beim Nachbarn.
Norbert Blüm

Sparsamkeit ist eine Methode, sein Geld auszugeben, ohne das geringste Vergnügen daran zu haben.
Robert Lembke

Sparsamkeit und Fleiß machen Häuser groß.
Sprichwort

Auch unsere Regierung muss sparen: Da teilen sich schon 20 Minister ein Gehirn.
Sprichwort

Die beste Einkommensquelle ist Sparsamkeit.
Unbekannt

Sparen ist der Versuch, sich an den eigenen Einkünften zu bereichern.
Wolfram Weidner

Sparen ist die Fähigkeit, Geld so auszugeben, dass es einem keine Freude bereitet.
Artur Brauner

Die Sparsamkeit ist die Tochter der Vorsicht, die Schwester der Mäßigkeit und die Mutter der Freiheit.
Samuel Smiles

Mein Volk soll lieber über Sparsamkeit lachen als über meine Vergnügungssucht weinen.
König Oskar II. von Schweden

Sparsamkeit ist die Lieblingsregel aller halblebendigen Menschen. Zweifellos ist Sparsamkeit besser als Verschwendung, aber ebenso sicher ist sie weniger wert als der nutzbringende Verbrauch.
Henry Ford

Gelegentlich werden die Armen gelobt, weil sie sparsam sind. Doch den Armen Sparsamkeit zu raten, ist sowohl grotesk wie beleidigend. Es ist das Gleiche, als ob man einem Hungernden rät, weniger zu essen.
Oscar Wilde

Sparen ist die richtige Mitte zwischen Geiz und Verschwendung.
Theodor Heuss

Staat

Staatskunst ist die kluge Anwendung persönlicher Niedertracht für das Allgemeinwohl.
Abraham Lincoln

Regieren ist keine Sache für Leute von Charakter und Erziehung.
Aristophanes

Schlechte Regenten sind gottgeschickte Geißeln für die Sünden der Untertanen.
Francisco Gómez de Quevedo

Wie humorlos der Staat ist, mag man an der Vergnügungssteuer sehen.
Hans-Horst Skupy

Eine schwache Regierung ist ein Unglück für jedes Land und eine Gefahr für den Nachbarn.

Helmuth Graf von Moltke

Wir wollen nicht die Verstaatlichung des Menschen, sondern die Vermenschlichung des Staates.

Johann Heinrich Pestalozzi

Um einen Staat zu beurteilen, muss man seine Gefängnisse von innen ansehen.

Leo N. Tolstoi

Wenn Regierungen krank sind, müssen die Völker das Bett hüten.

Ludwig Börne

Der Weg, auf dem eine Regierung zugrunde geht, ist der, wenn sie bald dies, bald jenes tut, wenn sie heute etwas zusagt und dies morgen nicht mehr befolgt.

Otto von Bismarck

Je korrupter der Staat, desto mehr Gesetze braucht er.

Publius Cornelius Tacitus

Jedes Volk hat die Regierung, die es verdient.

Sprichwort

Wenn eine Regierung nicht regieren kann, hört sie auf, legitim zu sein, und es hat, wer die Macht, auch das Recht, sie zu stürzen.

Theodor Mommsen

Der Staatshaushalt ist ein Haushalt, in dem alle essen möchten, aber *niemand* Geschirr spülen will.
Werner Finck

Der Staatshaushalt muss ausgeglichen sein. Die öffentlichen Schulden müssen abgebaut, die Arroganz der Behörden muss gemäßigt und kontrolliert werden. Die Zahlungen an ausländische Regierungen müssen verringert werden, wenn der Staat nicht bankrott gehen soll. Die Leute sollen wieder lernen zu arbeiten, statt auf öffentliche Rechnung zu leben.
Marcus Tullius Cicero

Statistiken

Ich stehe Statistiken etwas skeptisch gegenüber. Denn laut Statistik haben ein Millionär und ein armer Schlucker je eine halbe Millionen.
Franklin Delano Roosevelt

Ich glaube erst an Statistiken, wenn ich sie selbst gefälscht habe.
Sir Winston Churchill

Die Statistik ist das Märchen der Vernunft.
Martin Kessel

Statistiken sind wie Bikinis. Was sie zeigen, ist verwirrend – aber was sie verhüllen, ist lebenswichtig.
Lord Mankroft

Steigerungen: Lüge – Meineid – Statistik.
Unbekannt

Eine Statistik in wie eine Laterne im Hafen, sie dient dem betrunkenen Seemann mehr zum Halt als zur Erleuchtung.
Hermann Josef Abs

Mit Statistiken lässt sich vieles beweisen – auch das Gegenteil.
Unbekannt

Statistik ist ein Verfahren, welches gestattet, geschätzte Größen mit der Genauigkeit von Hundertstelprozent auszudrücken.
Helmar Nahr

Statistik ist der Triumph mathematischer Exaktheit über die Unzulänglichkeit des Datenmaterials.
Brigitte Hilgner

Die Lüge hat zwei Steigerungsformen: Diplomatie und Statistik.
Marcel Achard

Steuern

Ihr klagt über die vielen Steuern? Unsere Trägheit nimmt uns zweimal, unsere Eitelkeit dreimal soviel und unsere Torheit viermal soviel ab.

Benjamin Franklin

Der Sturz des kapitalistischen Systems ist unvermeidlich. Er wird durch die Einkommensteuer erreicht werden.

Ephraim Kishon

Eine Regierung muss sparsam sein, weil das Geld, das sie erhält, aus dem Blut und Schweiß ihres Volkes stammt. Es ist gerecht, dass jeder Einzelne dazu beiträgt, die Ausgaben des Staates tragen zu helfen. Aber es ist nicht gerecht, dass er die Hälfte seines jährlichen Einkommens mit dem Staate teilen muss.

Friedrich II. der Große

Der Mensch ist gut in seinen Taten, vorausgesetzt er kann sie von der Steuer abziehen.

Gerhard Uhlenbruck

Steuerhinterziehung ist der Vorwurf von Leuten, die keine Steuern bezahlen, gegenüber Leuten, die auch keine bezahlen.

Hans W. Kopp

Tod bedeutet, dass man sofort aufhört, Steuern zu bezahlen.

Amerikanisches Sprichwort

Steuer: Ein Status-Symbol unseres Jahrhunderts, in dem die Steuererklärung längst dem Adelstitel den Rang abgelaufen hat.

Konrad Gerescher

Wer Deutschlands, Europas Not mit Steuerhäufung und Finanzministerialkniffen lindern zu können wähnt, mag auf dem Mars die erste Hypothek erwerben.

Maximilian Harden

Steuern werden nicht aus Patriotismus, sondern aus Zwang bezahlt.

Otto von Bismarck

Jede neue Steuer hat etwas erstaunlich Ungemütliches für denjenigen, der sie zahlen oder nur auslegen soll.

Otto von Bismarck

Einkommen ist die Provision, die einem der Staat für die Erarbeitung der Steuer zuerkennt.

Sprichwort

Zehn Cent sind ein Euro nach Abzug aller Steuern.

Sprichwort

Steuern müssen sein. Aber bei der Vergnügungssteuer hört der Spaß auf.

Werner Mitsch

Nicht umsonst führen die Staaten mit Vorliebe ein Raubtier im Wappen.

Carl Spitteler

Die Aussteuer ist die einzige Steuer, die nicht hoch genug sein kann.

Wilhelm Hauff

Steuerreformen dienen dazu, die Steuerzahler so zu entlasten, dass die Staatskasse sich dabei füllt.

Wolfram Weidner

Die Wahlversprechen von heute sind die Steuern von morgen.

Abraham Lincoln

Große Nationen werden niemals durch private, aber bisweilen durch öffentliche Verschwendung und Misswirtschaft ruiniert.

Adam Smith

Nichts auf dieser Welt ist schwerer zu verstehen als die Einkommensteuer.

Albert Einstein

Man sollte mehr von den Steuern und weniger von den Steuerzahlern verlangen.

Alphonse Allais

Staatsfinanzen, die (pl) – Kunst oder Wissenschaft, Steuereinnamen und sonstige Geldmittel zu verwalten, und zwar zum größtmöglichen Vorteil des Verwaltenden.
Ambrose Bierce

Meine Karriere wird mir nur fünfzehn Sekunden im Jahr bewusst – wenn ich meine Steuern zahlen muss.
Andrée Putman

Der Eingangssteuersatz beginnt unten am Eingang und endet mit dem Spitzensteuersatz oben an der Spitze.
Angela Merkel

Wenn Sie morgens aufstehen und die Toilettenspülung betätigen, werden Sie besteuert. Dann trinken Sie eine Tasse Kaffee – und zahlen Steuern. Und das geht den ganzen Tag so: Steuern, Steuern, Steuern!
Arnold Schwarzenegger

Bei der Schafschur und den Steuern sollte man aufhören, sobald die Haut erreicht ist.
Austin O'Malley

Nur zwei Dinge auf Erden sind uns ganz sicher: der Tod und die Steuer.
Benjamin Franklin

Ein reicher Mann, wer seine Steuern zahlen kann, ohne Schulden machen zu müssen.
Bing Crosby

Steuern sind die Sehnen des Staates.

Marcus Tullius Cicero

Es gibt nur eine Art von Steuer, die allen gefallen würde: Eine Steuer, die ausschließlich die anderen bezahlen müssen.

Earl Wilson

Ich habe Schwierigkeiten, mein Nettoeinkommen mit meinen Brutto-Gewohnheiten in Einklang zu bringen.

Errol Flynn

Bei der Steuerreform haben wir einen Goldklumpen in der Hand gehabt. Der ist so lange schlecht gemacht worden, bis es ein Schleifstein war.

Franz Josef Strauß

Steuergeheimnis ist mehr oder weniger alles, was mit unseren Abgaben geschieht.

Franz Steinkühler

Die Steuererklärung muss auf einen Bierdeckel passen.

Friedrich Merz

Der Mensch ist ein merkwürdiges Wesen: Es arbeitet immer härter für das Privileg, immer höhere Steuern zahlen zu dürfen.

Georges Mikes

Eine Steuerschuld erlischt nicht, wenn man den Umschlag, der den Steuerbescheid enthält, nicht öffnet.

Manfred Rommel

Sie wurden zu Kaiser Wilhelms Zeiten eingeführt, um die Flotte zu finanzieren. Die Flotte wurde inzwischen zwei Mal versenkt, die Sektsteuer zehnmal erhöht.

Guido Westerwelle

Steueroasen spenden nur Reichen Schatten.

Hans-Horst Skupy

Wer mehr als die Hälfte seines Einkommens an das Finanzamt abführen muss, ist mehr darauf bedacht, Steuern zu sparen als darauf, Geld zu verdienen.

Hans-Karl Schneider

Die Schweiz ist noch immer ein Flüchtlingsasyl. Für Steuerflüchtige.

Heinrich Wiesner

Der schlechteste Radiergummi ist manchmal der beste Steuerberater.

Heinz Schenk

Politik ist die Kunst, stets neue Gründe für Steuern zu entdecken.

Helmar Nahr

Steuerhinterziehung ist der strafbare Versuch des Steuerzahlers, das staatliche Versprechen der Steuergerechtigkeit auf privater Basis zu realisieren.

Helmar Nahr

Die Steuermoral der Väter und die Wehrmoral der Söhne haben gelegentlich sehr viel miteinander zu tun.
Helmut Kohl

Steuererklärungen gehören zum Fantasievollsten, was heutzutage geschrieben wird.
Herman Wouk

Eine Million Steuerzahler verhalten sich vernünftiger als eine öffentliche Hand.
Hermann Josef Abs

Steuern eintreiben heißt die Gans so zu rupfen, dass man möglichst viele Federn mit möglichst wenig Gezische bekommt.
Jean Baptiste Colbert

Die Steuern sind der Blutkreislauf des Staates.
Jean Monnet

Das Wort Steuer ist ein Sklavenwort; in der Polis ist es unbekannt. In einem wirklich freien Staat tun die Bürger alles eigenhändig und nichts mit Geld.
Jean-Jacques Rousseau

Das Steuerwesen ist ein Spiel. Wir Steuerberater zeigen den reichen, wie man es spielt, damit sie reich bleiben – und die Politik ändert andauern die Regeln, sodass auch wir uns weiterhin bereichern können.
John Grisham

Diejenigen Ausreden, in denen gesagt wird, warum die AG keine Steuern bezahlen kann, werden in einer so genannten Bilanz zusammengestellt.

Kurt Tucholsky

Nur die kleinen Leute zahlen Steuern.

Leona Helmsley

Von der Kirchensteuer, die ich zahle, könnte ich mir einen eigenen Pastor halten.

Loriot

Regierungen nehmen Steuern wie Imker den Honig und teilen ihren Völkern Zuckerwasser zu.

Margret Genth

Steuererhöhungen sind Stimmspenden an die Opposition, für welche diese sich nach den Wahlen revanchieren. Mit Steuererhöhungen.

Oliver Hassencamp

Ich zahle gern Steuern. Damit erkaufe ich mir ein Stück Zivilisation.

Oliver Wendell Holmes

Ein hoher und dabei friedliebender Steuerzahler ist immer für den ministeriellen Standpunkt der angenehmste Staatsbürger.

Otto von Bismarck

Nichts motiviert den modernen Menschen mehr als die Chance, Steuern zu sparen.

Peter F. Drucker

Neid ist die Steuer für herausragende Eigenschaften.

Ralph Waldo Emerson

Steuern sind der Preis der Zivilisation – im Urwald gibt es keine.

Robert Wagner

Beim Steuersparen setzt beim Deutschen der Verstand aus.

Roman Herzog

Ein Steuerzahler ist einer, der für die Regierung arbeitet, ohne einen Fähigkeitsnachweis erbringen zu müssen.

Ronald Reagan

Ein Steuerschlupfloch ist etwas, wovon die anderen profitieren. Wenn du davon profitierst, ist es eine Steuerreform.

Russel B. Long

Es gibt nur etwas, was mehr schmerzt als Einkommensteuer zu zahlen – keine Einkommensteuer zu zahlen.

Sir James Dewar

There is no such thing as a good tax. So etwas wie eine gute Steuer gibt es nicht.

Sir Winston Churchill

Ein Land, das versucht, durch Steuern reich zu werden, ist wie ein Mann, der in einem Eimer steht und versucht, sich selbst am Henkel nach oben zu ziehen.

Sir Winston Churchill

Regieren heißt, mit vollen Händen Steuergelder zu verschwenden.

Sprichwort

Steuern – sieht man's liberal – sind viel zu hoch und anormal.

Sprichwort

Gern zieht man über Steuern her und schätzt doch sehr die Feuerwehr.

Sprichwort

If you drive a car, I'll tax the street,
If you try to sit, I'll tax your seat,
If you get too cold, I'll tax the heat,
If you take a walk, I'll tax your feet.

The Beatles, Taxman

Es war in Europa leichter, zwölf Währungen abzuschaffen als eine Steuer.

Thomas Borer-Fielding

Die Steuern, die wir für die Bildung bezahlen, sind nur ein Tausendstel dessen, was wir bezahlen müssten, wenn die Menschen ungebildet blieben.

Thomas Jefferson

Wenn Sie nicht trinken, rauchen oder Auto fahren, dann sind Sie ein Steuerhinterzieher.

Thomas S. Foley

Steuern sind ein erlaubter Fall von Raub.

Thomas von Aquin

Der Wohlstand eines Menschen lässt sich ablesen an der Höhe des Betrags, um den er sich bei der Einkommensteuererklärung irren kann, ohne dass es auffällt.

Unbekannt

Sparen heißt für den Staat, dass er die Steuergelder nur mit einer Hand aus dem Fenster hinauswirft.

Unbekannt

Ein Steuerhinterzieher ist ein Mensch, der sein Geld noch mehr liebt als sein Vaterland.

Unbekannt

Steuerzahler sind die einzigen Lebewesen, denen man das Fell mehrmals über die Ohren ziehen kann.

Unbekannt

Jedes Jahr müsst ein Wahljahr sein. Im Wahljahr gibt es keine Steuererhöhungen.

Unbekannt

Wer die Pflicht hat, Steuern zu zahlen, hat das Recht, Steuern zu sparen!

Urteil des Bundesgerichtshofes 1965

Die einzige Möglichkeit, die Gewerbesteuer zu beseitigen, besteht darin, den Beruf des Politikers als Gewerbe zu definieren.

Unbekannt

Einkommen ist die Provision, die einem der Staat für die Erarbeitung der Steuern zuerkennt.

Volksweisheit

Die Einkommensteuer ist die gerechte Strafe für regelmäßiges Arbeiten!

Volksweisheit

Das Wort Kirchensteuer suchte ich bisher in der Heiligen Schrift vergebens.

Werner Mitsch

Steuerrückzahlungen: Die öffentliche Hand klopft dir auf die Schulter.

Werner Mitsch

Die Einkommensteuer hat mehr Menschen zu Lügnern gemacht als der Teufel.

William Penn Adair Rogers

Die Leute werden heutzutage klüger: Sie lassen sich lieber von ihrem Steuerberater als von ihrem Gewissen leiten.

William Penn Adair Rogers

Eine Steuerreform ist ein Gerichtsvollzieher, der sich als Weihnachtsmann verkleidet.

Wolfram Weidner

Bürokratie und Fiskus haben vier Millionen Schwarzarbeiter in die Illegalität getrieben. Geringere Steuern und weniger Staat ebnen den Weg zurück in die Legalität.

Eberhard Hamer

An alle Herren Finanzminister: Erst ziehen Sie uns die Hosen aus, und dann sollen wir auch noch den Gürtel enger schnallen.

Unbekannt

Die Steuerwirklichkeit in Italien sieht so aus, dass immer noch viele Italiener absolute Steuerehrlichkeit für eine mildere Form des Schwachsinns halten.

Carlo Frigerio

Selbst im Fall einer Revolution würden die Deutschen sich nur Steuerfreiheit, nie Gedankenfreiheit zu erkämpfen suchen.

Christian Friedrich Hebbel

Steuerflüchtlinge: Leute, die sich selbst und ihr Geld zur Erholung in die Schweiz schicken.

US-Definition

Wahlversprechen sind Versprechen eines Politikers, Steuergelder in Subventionen umwandeln zu wollen.

Lothar Schmidt

Man soll seine Steuern dem Staat zahlen, wie man seiner Geliebten einen Blumenstrauß schenkt.
Novalis

Das schwierigste Problem für den Politiker besteht darin, den Steuerzahler zu schröpfen, ohne den Wähler zu schädigen.
Aus den USA

Die Finanzpolitik eines Wohlfahrtstaates muss dafür sorgen, dass es für die Wohlhabenden keine Möglichkeit gibt, sich selbst zu schützen.
Alan Greenspan

Es gibt nur eine Art von Steuer, die allen gefallen würde: Eine Steuer, die ausschließlich die anderen bezahlen müssen.
Robert Earl Wilson

Subventionen

Typisch für Subventionen, Schlafmützen auch noch zu belohnen.
Sprichwort

Subventionen sind politische Beschwichtigungsmittel.
Lothar Schmidt

Subventionen: ein Allheilmittel, welches der Kurpfuscher den falschen Patienten verschreibt.

Unbekannt

Subventionen: staatliche Kraftnahrung für jene Kinder der Nation, die am lautesten brüllen.

Totò

Subventionen sind wirtschaftspolitischer Denkmalschutz.

Helmar Nahr

Unter Subventionen empfangen versteht man die Kunst, so lange zu jammern, bis einem die Fettpolster als Hungerödeme angerechnet werden.

Raymond Leclerc

Wenn wir Subventionen gewähren, dann tun wir dies mit jenem Geld, das wir Ihnen vorher abgenommen haben.

Hans Friderichs

Verkaufen

Erfolgreiche Verkäufer haben drei Eigenschaften gemeinsam: sie arbeiten schwerer als andere, sie arbeiten länger als andere, und sie besitzen die Fähigkeit, sich in ihre Kunden hereinzudenken.

Marshall Wolper

Verkaufen ist nichts anderes, als dem Partner zu erlauben, meine Meinung zu seiner eigenen zu machen.
Franz Luwein

Menschenkenner haben immer gewusst, dass man den Leuten eine teure Sache leichter verkaufen kann als eine billige.
William Somerset Maugham

Wer nicht ständig mit seinen Kunden im Gespräch bleibt, wird bald nichts mehr zu sagen haben.
Matthias Scharlach

Drei Sätze sollte der Verkäufer aus seinem Wortschatz streichen:
1. Das kann ich nicht,
2. Das geht nicht,
3. Das haben wir nicht.
Gerhard Reichel

Da die Kundenzufriedenheit erste Priorität hat, bedarf es eines ständigen Dialogs mit den Kunden über deren gegenwärtige und zukünftige Anforderung – und einer regelmäßigen Überprüfung der Kundenzufriedenheit.
IBM-Nachrichten 1991

Wenn man nur das verkaufen würde, was Menschen wirklich brauchen, wären wir wieder bei der Naturalwirtschaft.
Matthias Scharlach

Niemals einen Kunden nur deshalb ignorieren, weil er schmutzige Fingernägel hat. Vielleicht sind sie schmutzig, weil er sein Geld irgendwo im Hinterhof verscharrte.

Rat eines Jachtverkäufers an seine Angestellten, Wall Street Journal

Woran erkennt man einen Außendienstmitarbeiter? Im Portemonnaie sind nur Belege.

Unbekannt

Gute Verkäufer wissen, dass sie nicht alles wissen: Sie lassen den Kunden wissen, dass er etwas weiß.

Unbekannt

Billig kaufen, teuer verkaufen, rasch kassieren und spät zahlen.

Richard Levin

Wer nichts bietet, bietet billige Preise.

Unbekannt

Verluste

Bei dem größten Verlust müssen wir sogleich umherschauen, was uns zu erhalten übrig bleibt.

Johann Wolfgang von Goethe

Meistens belehrt uns erst der Verlust über den Wert der Dinge.

Arthur Schopenhauer

Was Du am meisten liebst, erkennst Du beim Verlust.
Polnisches Sprichwort

Kein Weiser jammert um den Verlust, er sucht mit freudigem Mut ihn zu ersetzen.
William Shakespeare

Vermögen

Das Leben besteht aus vielen kleinen Münzen, und wer sie aufzuheben versteht, hat ein Vermögen.
Jean Anouilh

Dieselben Gaben, die den Menschen befähigen, ein Vermögen zu erwerben, behindern ihn, es zu genießen.
Antoine de Rivarol

Einkommen und Vermögen sind keine Schande. Höchstens die Art, wie sie zustande kommen.
Bruno Kreisky

Die einzig wahre Bildung scheint die Vermögensbildung zu sein.
Gerhard Uhlenbruck

Nicht mit Erfindungen, sondern mit Verbesserungen macht man Vermögen.
Henry Ford

Hinter jedem Vermögen steht ein Verbrechen.
Honoré de Balzac

Es ist eine allgemein anerkannte Tatsache, dass ein allein stehender Mann im Besitz eines ansehnlichen Vermögens nichts dringender bedarf als einer Frau.
Jane Austen

Auf einhundert Menschen, die nach Sicherheit streben, kommt einer, der bereit ist, sein gesamtes Vermögen zu riskieren.
Jean Paul Getty

Heutzutage kann jedermann schnell zu einem kleinen Vermögen kommen – vorausgesetzt, er hatte vorher ein großes.
Sprichwort

Er hat sich dumm und dämlich verdient. Seine ganze Intelligenz steckt in seinem Vermögen.
Wolfgang Mocker

Die erste Generation schafft Vermögen, die zweite Generation verwaltet Vermögen, die dritte studiert Kunstgeschichte und die vierte verkommt vollends.
Otto von Bismarck

Wissen Sie, wer unter Sozialdemokraten zu einem kleinen Vermögen kommen kann? Wer vorher ein großes gehabt hat.
Rudi Arndt

Versicherungen

Man kann den Versicherungsgesellschaften manches vorwerfen. Aber schadenfroh sind sie nicht.
Werner Mitsch

Versicherung: ein geniales modernes Glücksspiel, bei dem sich der Spieler der angenehmen Überzeugung hingeben darf, den Mann, der die Bank hält, zu schlagen.
Ambrose Bierce

Ein Versicherungsagent ist der einzige Mensch, der an einer Versicherung verdient, ohne dass er gleich stirbt oder abbrennt.
Unbekannt

Verträge

Die vollkommenste Lüge ist der gebrochene Vertrag.
Arthur Schopenhauer

Wenn ein Starker und ein Schwacher einen Vertrag schließen, dann ist für dessen Auslegung der Starke zuständig.
Georges Clemenceau

Mit siebzig muss man damit rechnen, aus biologischen Gründen vertragsbrüchig zu werden.
Loriot

Verträge bricht man um des Nutzens willen.
Niccolò Machiavelli

Wenn man einem Menschen trauen kann, erübrigt sich ein Vertrag. Wenn man ihm nicht trauen kann, ist ein Vertrag überflüssig.
Jean Paul Getty

Einen Vertrag abschließen ohne Hintergedanken, ihn aufs pünktlichste zu erfüllen, ist eine Tat von höchster geschäftlicher Klugheit.
Robert Bosch

Der Vertrag ist ein System, unter dem die Treuen immer gebunden, die Treulosen immer frei sind.
Robert Gilbert Baron Vansittart

Wer das Kleingedruckte überliest, riskiert eine Vertragsbruchlandung.
Rupert Schützbach

Pacta sunt servanda. – Verträge sind einzuhalten.
Sprichwort

Verträge sind nie die Wirklichkeit selbst. Verträge stellen lediglich fest, was sein soll und was sein kann. Es kommt also darauf an, was man daraus macht.
Willy Brandt

Verträge werden von Juristen für Juristen gemacht, damit die Laien merken, dass man ohne Juristen nicht auskommt.
Jean Paul Getty

Verträge sind überflüssige Schriftstücke, die von Gutwilligen ohnehin und von Bösartigen doch nie eingehalten werden.
Ron Kritzfeld

Ich möchte feststellen: die besten Verträge sind die, die Auslegungsmöglichkeiten haben.
Egon Bahr

Währung

Der Euro wird so schwach werden, dass wir ihn lieber gleich Lire nennen sollten.
Alan Greenspan

Werbung

Werbung lässt sich als die Wissenschaft bezeichnen, die menschliche Intelligenz so lange einzusperren, bis man Geld von ihr erhält.
Stephen Leacock

Vergleichende Werbung ist in der Wirtschaft verboten und in der Politik die Regel.
Lothar Schmidt

Reklame ist die Kunst, auf den Kopf zu zielen und die Brieftasche zu treffen.
Vance Packard

Ohne Werbung Geschäfte machen ist so, als winke man einem Mädchen im Dunkeln zu. Man weiß zwar, was man will, aber niemand sonst.
Stuart Henderson Britt

Fünfzig Prozent bei der Werbung sind immer rausgeworfen. Man weiß bloß nicht, welche Hälfte das ist.
Henry Ford

Viele kleine Dinge werden durch die richtige Art von Werbung groß gemacht.
Mark Twain

Es ist eine bekannte Tatsache, dass man mit gewissen Schlagworten den leichtgläubigen Menschen nach Belieben Sand in die Augen streuen kann.
Bertha von Suttner

Die Kunst zu werben, ist die Kunst zu übertreiben und trotzdem bei der Wahrheit zu bleiben.
Unbekannt

Ein Werbeleiter ist ein Mensch, der täglich aus einer Fliege einen Elefanten macht.
Unbekannt

Wirtschaft

Nicht nur in der Wirtschaft sind Aufblühen und Aufblähen zweierlei.
Adolf Spemann

Sind Rüben auf dem Markt gefragt, muss man sie nicht waschen.
Chinesisches Sprichwort

Wenn wir es schaffen, Moral und Ethik in unser wirtschaftliches Handeln mit einzubeziehen, werden wir noch größeren Erfolg haben, Zu deutsch: mehr Geld verdienen.
Daniel Goeudevert

Wir sind dabei, die Welt zu reduzieren auf Angebot und Nachfrage.
Gertrud Höhler

Der Markt ist der einzig demokratische Richter, den es überhaupt in der modernen Wirtschaft gibt.
Ludwig Ehrhard

Schon das Wort Null-Wachstum ist verräterisch! Null ist kein Wachstum, und Minus ist auch kein Wachstum. Ich sage ja auch nicht zur Krankheit Minus-Gesundheit.
Norbert Blüm

Manche halten den Unternehmer für einen räudigen Wolf, den man totschlagen müsse; andere meinen, er sei eine Kuh, die man ununterbrochen melken könne; nur wenige sehen in ihm ein Pferd, das den Karren zieht.
Sir Winston Churchill

Nicht die Welt ist unser Schicksal, sondern die Wirtschaft.
Walther Rathenau

Wohlstand

Nur wer im Wohlstand lebt, lebt angenehm.
Bertolt Brecht

Keine Staatsform bietet ein Bild hässlicherer Entartung, als wenn die Wohlhabendsten für die Besten gehalten werden.
Marcus Tullius Cicero

Es muss sich anhören, dass sich unsere Wohlstandsgesellschaft in die Gerechten und die Gerichteten teilt.
Gustav W. Heinemann

Wohlstand ist der Überfluss des Notwendigen.
Lothar Schmidt

Nur wer im Wohlstand lebt, schimpft auf ihn.
Ludwig Marcuse

Der Wohlstand finanziert die Unzufriedenheit.
Norbert Stoffel

Der Wohlstand beginnt genau dort, wo der Mensch anfängt, mit dem Bauche zu denken.
Norman Kingsley Mailer

Wohlstand: Verfall der Satten.
Ron Kritzfeld

Wohlstand: Mangel an Mangel.
Rupert Schützbach

Am leichtesten kauft man den Völkern die Freiheit mit dem Wohlstand ab.
Sigmund Graff

Wohlstand ist, wenn die Menschen mehr Uhren haben als Zeit.
Werner Mitsch

Mir reicht's. Diese Maxime hat unter Wohlhabenden Seltenheitswert.
Werner Mitsch

Es gibt Leute, die gut zahlen, die schlecht zahlen, die bar zahlen, abzahlen, draufzahlen, heimzahlen – nur Leute, die gern zahlen, die gibt es nicht.
Georg Christoph Lichtenberg

Ich wünsche mir, die Bundesregierung hätte die Moral einer Telefonzelle. In der zahlt man nämlich zuerst und wählt dann. Bei der Bundesregierung muss man immer zuerst wählen und dann zahlen.
Oskar Lafontaine

Die schlimmste Unfähigkeit ist die Zahlungsunfähigkeit.
Curt Walter Goetz

Die Gescheiten leben von den Dummen und die Dummen von der Arbeit.
Bertolt Brecht

Zeitung

Wenn Zeitungen nach den Interessen der Leser gemacht würden, käme Politik auf der ersten Seite kaum vor.
Johannes Gross

Ein Mensch, der überhaupt nicht liest, ist gebildeter als ein Mensch, der nichts außer Zeitungen liest.
Thomas Jefferson

Bei einer Zeitung stehen die einzigen Wahrheiten, auf die du vertrauen kannst, in den Anzeigen.
Thomas Jefferson

Zeitungen gleichen Sparbüchern: dass sie voll geschrieben sind, bedeutet noch nichts.
Gabriel Laub

Solange man mit eine Fernsehapparat keine Fliege totschlagen kann, solange kann er die Zeitung nicht ersetzen.
Manfred Rommel

Das Problem der Zeitungsberichterstattung liegt darin, dass das Normale uninteressant ist.
Saul Bellow

Die Zeitung ist die Konserve der Zeit.
Karl Kraus

Zeitungen sind Sekundenzeiger der Geschichte.
Arthur Schopenhauer

Der sicherste Weg, in die Zeitung zu kommen, besteht darin, eine zu lesen, während man die Straße überquert.
Alberto Sordi

Zum Schluss darf der Humor nicht fehlen

Zwei Dinge sind unendlich: Das Universum und die menschliche Dummheit. Aber beim Universum bin ich mir noch nicht ganz sicher.
Albert Einstein

Wenn man in die falsche Richtung läuft, hat es keinen Zweck, das Tempo zu erhöhen.
Birgit Breuel

Die Frauen geben mehr Geld aus, als der Mann verdient, damit die Leute glauben, dass er mehr verdient, als die Frau ausgibt.
Danny Kaye

Telefonieren ist eine gute Möglichkeit, mit Leuten zu reden, ohne ihnen einen Drink anbieten zu müssen.
Frank Lebowitz

Wer nicht genug Geld hat, um das Nachbargrundstück zu kaufen, sollte Gesangsunterricht nehmen.
Georg Thomalla

Nächste Woche darf es keine Krise geben – mein Terminplan ist bereits voll.
Henry Kissinger

Es ist meistens leichter, mit einem Mann auszukommen als mit seinem Geld.
Ingrid van Bergen

Gott gab uns nur einen Mund, aber zwei Ohren, damit wir doppelt soviel zuhören können, als wir reden sollten.
Johann Wolfgang von Goethe

Es genügt nicht, keine Meinung zu haben, man muss auch unfähig sein, sie auszudrücken.
Karl Kraus

Machen Sie sich erst einmal unbeliebt, dann werden Sie auch ernst genommen ...
Konrad Adenauer

Ich bin, wie ich bin: Die einen kennen mich, die anderen können mich ...
Konrad Adenauer

Ein Millionär trat einst ein Pekinesen-Hündchen. Und entschuldigte sich beim Besitzer. Da rief der Mann: „Was! Sie wollen ein Millionär sein und rufen nicht ‚Bringen Sie mir noch ein Hündchen!'"
Kurt Tucholsky

Mobiltelefone: Das einzige Mal, wo es darauf ankommt, den Kleinsten zu haben.
Neil Kinnock

Es kommt doch nur darauf an, dass man gut aussieht, genügend Geld hat und jeder einen kennt.
Otto Waalkes

Ob sich die Redner darüber klar sind, dass 90 Prozent des Beifalls, den sie beim Zusammenfalten des Manuskriptes entgegennehmen, ein Ausdruck der Erleichterung ist?
Robert Lembke

Die Frage ist so gut, dass ich sie nicht durch meine Antworten verderben möchte.
Unbekannt

Es gibt Politiker, die sagen, man solle die Steuern mit einem Lächeln bezahlen. Nun, das habe ich versucht, aber das Finanzamt wollte lieber Bargeld.
Unbekannt

Einer prahlt, wie schön seine Frau sei. Da nimmt ihn ein Freund beiseite und fragt ihn sacht: „Weißt du eigentlich nicht, dass deine Frau dich mit vier Liebhabern betrügt?" – „Na und? Ich bin lieber mit zwanzig Prozent an einer guten Sache beteiligt als mit hundert an einer schlechten."
Unbekannt

Wer zu allem seinen Senf gibt, gerät leicht in Verdacht, ein Würstchen zu sein.
Unbekannt

Trau keinem Zitat, das du nicht selbst aus dem Zusammenhang gerissen hast!
Unbekannt

Kalauer: Die Aktie schwankt täglich munter, mal über'm Nennwert, mal darunter.
Unbekannt

Kalauer: Der Kurs der Aktie schwankt stündlich und meistens völlig unergründlich.
Unbekannt

Rot wählen, schwarzarbeiten! Hast immer an Blauen in der Tasche!

Wiener Motto

Nicht alle Männer, die Konferenzen abhalten, haben eine Geliebte. Manche haben zwei.

Zsa Zsa Gabor

Das Vaterunser hat 56 Wörter, die Zehn Gebote haben 297. Aber die Verordnung der EG-Kommission über den Import von Karamellprodukten hat 26911 Wörter.

Alwin Münchmeyer

„Den Jahresüberschuss tragen Sie in Schwarz ein", sagt der Chef zu seinem Buchhalter. „Wir haben aber keine schwarze Tinte mehr." – „Mensch, dann kaufen Sie eben welche." „Dann sind wir aber wieder in den roten Zahlen."

Unbekannt

Ein Börsenfachmann liegt in hohem Fieber. Er fragt die Krankenschwester, wie hoch die Temperatur sei. „41 Grad", antwortet die Schwester tiefernst. „Gut", sagt der Kranke, „bei 42 verkaufen Sie!"

Unbekannt

Manche Politiker muss man behandeln wie rohe Eier. Und wie behandelt man rohe Eier? Man haut sie in die Pfanne.

Dieter Hallervorden

Mit den Europaverhandlungen ist es wie mit dem Liebesspiel der Elefanten. Alles spielt sich auf hoher Ebene ab, wirbelt viel Staub auf und es dauert sehr lange, bis etwas dabei herauskommt.

Willy Brandt

Managerseminar mit 30 Herren aus der mittleren Führungsebene. Treffen im Tagungshotel am letzten Tag. Der Seminarleiter spricht: „Meine Herren, zum Schluss sollen Sie die Gelegenheit haben, Ihre Allgemeinbildung zu testen. Also, ich nenne ein klassisches Zitat und Sie sagen mir, wer es gesagt hat, wo und wann." Er beginnt: „Vom Eise befreit sind Strom und Bäche ...". Keiner weiß es. Da meldet sich ganz hinten ein kleiner Japaner: „Johann Wolfgang von Goethe, Faust, Osterspaziergang 1806!" Die Teilnehmer murmeln anerkennend.

Nächste Frage: „Der Mond ist aufgegangen, die goldnen Sternlein prangen ..." Und wieder, wie aus der Pistole geschossen, der Japaner: „Matthias Claudius, Abendlied 1783." Die Manager schauen peinlich berührt zu Boden. Der Seminarleiter: „Fest gemauert in der Erden ..." „Schiller", strahlt der Japaner. „Das Lied von der Glocke, 1799!"

Jetzt finden es die Manager langsam ärgerlich. Murmelt einer in der ersten Reihe: „Scheißjapaner". Wieder ertönt die Stimme von hinten: „Max Grundig, CeBit 1982."

Verzeichnis der Verfasserinnen und Verfasser

Abs, Hermann Josef, 1901 – 1994, deutscher Bankier

Achard, Marcel, 1899 – 1974, französischer Dramatiker und Schriftsteller

Achternbusch, Herbert, *1938, deutscher Schriftsteller, Regisseur und Maler

Adenauer, Konrad, 1876 – 1967, deutscher Staatsmann, erster Bundeskanzler der Bundesrepublik Deutschland 1949 – 1963

Agassiz, Louis, 1807 – 1873, schweizerisch-amerikanischer Zoologe, Paläontologe und Geologe

Allais, Alphonse, 1854 – 1905, französischer Schriftsteller und Humorist

Amsterdam, Max, 1912 – 1972, amerikanischer Schriftsteller

Androsch, Hannes, *1938, österreichischer Politiker (SPÖ), Steuerberater und Unternehmer

Anouilh, Jean, 1910 – 1987, französicher Dramatiker

Aquin, Thomas von, 1225 – 1274, italienischer Philosoph und Theologe

Aristophanes, 448 – 385 v. Chr, griechischer Komödiendichter

Aristoteles, 384 – 322 v. Chr., griechischer Philosoph

Arndt, Rudi, 1927 – 2004, deutscher Politiker der SPD

Atatürk, Kemal, 1881 – 1938, erster Präsident der Republik Türkei

Aurel, Marc, 121 – 180 n. Chr, römischer Kaiser

Austen, Jane, 1775 – 1817, englische Schriftstellerin

Bachmann, Ingeborg, 1926 – 1973, österreichische Schriftstellerin

Bacon, Sir Francis, 1561 – 1626, englischer Philosoph und Staatsmann

Bahr, Egon, *1922, deutscher Politiker (SPD)

Baker, Josephine, 1906 – 1975, US-amerikanische Tänzerin, Sängerin und Schauspielerin

Baldwin, James, 1924 – 1987, US-amerikanischer Schriftsteller

Balzac, Honoré de, 1799 – 1850, französischer Schriftsteller

Bamm, Peter, 1897 – 1975, deutscher Schriftsteller

Barrymore, John, 1882 – 1942, US-amerikanischer Schauspieler

Baruch, Bernard M., 1870 – 1965, US-amerikanischer Finanzier, Börsenspekulant und Präsidentenberater

Baschnonga, Emil, *1941, schweizerischer Schriftsteller und Aphoristiker

Bellow, Saul, 1915 – 2005, US-amerikanischer Schriftsteller

Beltz, Matthias, 1945 – 2002, deutscher Kabarettist und freier Autor

Bergen, Ingrid van, *1931, deutsche Schauspielerin

Berkensträter, Bert, *1941, deutscher Schriftsteller

Best, George, 1946 – 2005, nordirischer Fußballspieler

Biedenkopf, Kurt, *1930, deutscher Politiker (CDU)

Bierce, Ambrose, 1842 – 1914, US-amerikanischer Schriftsteller und Journalist

Billings, Josh, 1818 – 1885, US-amerikanischer Schriftsteller und Humorist

Bismarck, Otto von, 1815 – 1898, deutscher Staatsmann, Gründer und erster Kanzler des Deutschen Reiches

Blei, Franz, 1871 – 1942, österreichischer Schriftsteller, Übersetzer und Literaturkritiker

Blum, Jean-Paul, *1946, deutscher Jurist

Blüm, Norbert, *1935, deutscher Politiker (CDU)

Blumenthal, Oskar, 1852 – 1917, deutscher Schriftsteller, Kritiker und Bühnendichter

Borer-Fielding, Thomas, *1957, Diplomat, ehemaliger Schweizer Botschafter in Deutschland

Börne, Ludwig, 1786 – 1837, deutscher Journalist, Literatur- und Theaterkritiker

Bosch, Robert, 1861 – 1942, deutscher Industrieller

Bouchat, Raoul, Aphoristiker

Brandt, Willy, 1913 – 1992, deutscher sozialdemokratischer Politiker, Bundeskanzler 1969 – 1974

Brauchitsch, Eberhard von, *1926, Ex-Geschäftsführer der Flick KG, heute Unternehmensberater und Rechtsanwalt

Brauner, Artur, *1918, deutsch-polnischer Filmproduzent und Unternehmer

Brecht, Bertolt, 1898 – 1956, deutscher Dramatiker und Lyriker

Brestel, Heinz, *1922, Schweizer Finanzkolumnist der F.A.Z.

Breuel, Birgit, *1937, deutsche Politikerin (CDU)

Britt, Stuart Henderson, 1907 – 1979, amerikanischer Werbeexperte

Broadbent, Michael, *1927, britischer Weinkritiker

Brown, Helen Gurley, *1922, Autorin, Geschäftsfrau, 1965 – 1996 Chefredakteurin der Zeitschrift Cosmopolitan

Brudzinski, Wieslaw, *1920, polnischer Schriftsteller und Aphoristiker

Bruyère, Jean de la, 1645 – 1696, französischer Schriftsteller

Büchner, Georg, 1813 – 1837, deutscher Schriftsteller

Buck, Pearl S. (Pseudonym John Sedges), 1892 – 1973, US-amerikanische Schriftstellerin und Literaturnobelpreisträgerin

Buffett, Warren Edward, *1930, amerikanischer Investor

Bülow, Bernhard Heinrich Martin Karl von, 1849 – 1929, deutscher Politiker

Bülow, Ralf von, 1812 – 1885, deutscher Journalist und Historiker

Burke, Edmund, *1729 – 1797, englischer Schriftsteller, Staatsphilosoph und Politiker

Busch, Wilhelm, 1832 – 1908, deutscher humoristischer Dichter

Butler, Samuel der Jüngere, 1835 – 1902, englischer Schriftsteller, Komponist, Philologe, Maler und Gelehrter

Butler, Samuel, 1774 – 1839, englischer Gelehrter und Bischof

Buwler-Lytton, Edward George, 1803 – 1873, englischer Romanautor

Byron, Lord, 1788 – 1824, englischer Dichter

Camus, Albert, 1913 – 1960, französischer Philosoph und Schriftsteller

Carpendale, Howard Victor, *1946, deutscher Schlagersänger und Komponist südafrikanischer Herkunft

Carrel, Alexis, 1873 – 1944, französischer Chirurg, Nobelpreis für Medizin 1912

Casanova, Giacomo, 1725 – 1798, italienischer Abenteurer und Schriftsteller

Cavanagh, Walter, *1943, amerikanischer „financial planner", wegen seiner über 1 300 Kreditkarten auch „Mr. Plastic Fantastic" genannt

Chamfort, Nicolas, 1741 – 1794, französischer Schriftsteller

Chaplin, Sir Charles, 1889 – 1977, englischer Regisseur, Produzent, Schauspieler, Komiker und Komponist

Chesterfield, Lord Philip Dormer, 1694 – 1773, englischer Politiker und Schriftsteller

Christie, Julie, *1941, britische Filmschauspielerin

Christina von Schweden, 1626 – 1689, Königin von Schweden von 1632 bis 1654

Chruschtschow, Nikita, 1894 – 1971, sowjetischer Politiker und Regierungschef

Churchill, Sir Winston, 1874 – 1965, britischer Staatsmann, Premierminister, 1953 Nobelpreis für Literatur

Cicero, Marcus Tullius, 106 v. Chr. – 43 v. Chr., römischer Politiker, Anwalt, Philosoph und Consul im Jahr 63 v. Chr.

Clarke, James F., * 1963, britischer Botschafter

Claudius, Matthias, 1740 – 1815, deutscher Dichter, Journalist und Lyriker

Clemenceau, Georges, 1841 – 1929, französischer Journalist und Politiker

Colbert, Jean Baptiste, 1619 – 1683, französischer Staatsmann und der Begründer des Merkantilismus

Collins, Phil, *1951, britischer Rock-/Pop-Sänger, Schlagzeuger, Komponist und Schauspieler

Cornfeld, Bernie, *1927 – 1995, rumänisch-US-amerikanischer Unternehmer, der betrügerische Investments in US-Anlagefonds verkaufte

Crignis, Fritz de, 1898 – 1979, deutscher Aphoristiker

Crosby, Bing, 1903 – 1977, US-amerikanischer Sänger und Schauspieler

D*alí, Salvador,* 1904 – 1989, surrealistischer Maler, Schriftsteller, Bildhauer, Bühnenbildner und Schauspieler

Davidoff, Zino, 1906 – 1994, ukrainisch-schweizerischer Unternehmer

Derek, Bo, *1956, US-amerikanische Schauspielerin

Dewar, Sir James, 1842 – 1923, schottischer Physiker und Chemiker

Disraeli, Benjamin, 1804 – 1881, Romanschriftsteller und zweifach britischer Premierminister

Drucker, Peter F., 1909 – 2005, US-amerikanischer Ökonom österreichischer Herkunft

Durant, William James, 1885 – 1981, US-amerikanischer Philosoph und Schriftsteller

Dürrenmatt, Friedrich, 1921 – 1990, Schweizer Schriftsteller, Dramatiker und Maler

Dussmann, Peter, *1938, deutscher Multi-Unternehmer, Dussmann-Konzern

E*bner-Eschenbach, Marie von,* 1830 – 1916, österreichische Schriftstellerin

Edison, Thomas Alva, 1847 – 1931, US-amerikanischer Erfinder auf dem Gebiet der Elektrizität und des Kraftwerkwesens, Erfinder der Glühlampe

Ehrhard, Ludwig, 1897 – 1977, deutscher liberal-konservativer Politiker (CDU)

Einstein, Albert, 1879 – 1955, Physiker und Nobelpreisträger (1921)

Elgozy, Georges, 1909 – 1989, französischer Wirtschaftspolitiker

Emerson, Ralph Waldo, 1803 – 1882, US-amerikanischer Philosoph, Unitarier und Schriftsteller

Epiktet, ca. 50 – 138 n. Chr., griechischer Philosoph

Epikur, ca. 341 – 270 v. Chr., griechischer Philosoph und Begründer des Epikureismus

F*ahrholz, Bernd,* *1947, Ex-Chef der Dresdner Bank, jetzt Berater bei der Private-Equity-Firma SVP

Farkas, Karl, 1893 – 1971, österreichischer Schauspieler und Kabarettist

Fielding, Henry, 1707 – 1754, englischer Romanautor, Satiriker, Dramatiker, Journalist und Jurist

Fields, W. C., 1880 – 1946, US-amerikanischer Unterhaltungskünstler, Schauspieler und Drehbuchautor

Finck, Werner, 1902 – 1978, deutscher Schriftsteller und Schauspieler

Fischart, Johann, 1546 – 1591, frühneuhochdeutscher Schriftsteller

Flaubert, Gustave, 1821 – 1880, französischer Schriftsteller

Flynn, Errol, 1890 – 1959, australisch-US-amerikanischer Filmschauspieler

Foley, Thomas S., *1929, US-amerikanischer Politiker (Democratic Party)

Fonda, Jane, *1937, US-amerikanische Schauspielerin

Fontaine, Jean de la, 1621 – 1695, französischer Schriftsteller

Fontane, Theodor, 1819 – 1898, Apotheker und deutscher Schriftsteller, Vertreter des poetischen Realismus

Forbes, Malcolm Stevenson, 1917 – 1990, US-amerikanischer Verleger schottischer Herkunft

Ford, Harrison, *1942, US-amerikanischer Schauspieler

Ford, Henry, 1863 – 1947, gründete den Automobilhersteller Ford Motor Company

Foreman, George, *1949, US-amerikanischer Box-Champion, zweifacher Weltmeister im Schwergewicht

Franchi, Carlo, *1938, italienischer Rennfahrer (Formel 1), bekannt als „Gimax"

Franklin, Benjamin, 1706 – 1790, nordamerikanischer Verleger, Staatsmann, Schriftsteller, Naturwissenschaftler, Erfinder, Naturphilosoph und Freimaurer

Freyer, Hans, 1887 – 1969, deutscher Soziologe, Historiker und Philosoph

Friderichs, Hans, *1931, deutscher Politiker (FDP)

Friedman, Milton, 1912 – 2006, US-amerikanischer Ökonom, Verfasser fundamentaler Arbeiten auf den Gebieten der Makroökonomie, der Mikroökonomie, der ökonomischen Geschichte und der Statistik, Nobelpreis für Wirtschaftswissenschaften 1976

Friedrich II. der Große, 1712 – 1786, ab 1740 König in Preußen und ab 1772 König von Preußen

Frigero, Carlo, *1953, italienischer Politiker

Fürstenberg, Carl, 1850 – 1933, deutscher Bankier

Fuller, Thomas, 1608 – 1661, englischer Historiker

Gabor, Zsa Zsa, *1917, US-amerikanisch-ungarische Schauspielerin

Galbraith, John Kenneth, 1908 – 2006, US-amerikanischer Ökonom, Sozialkritiker, Präsidentenberater, Romancier und Diplomat

Gaulle, Charles de, 1890 – 1970, französischer General und Politiker

Gauweiler, Peter, *1949, deutscher Politiker (CSU)

Gellert, Christian Fürchtegott, 1715 – 1769, deutscher Dichter und Moralphilosoph

Genth, Margret, deutsche Lyrikerin

George, David Lloyd, 1863 – 1945, britischer Politiker

George, Phyllis, *1949, US-amerikanische Unternehmerin

Gerescher, Konrad, *1943, Konstrukteur und Schriftsteller

Getty, Jean Paul, 1892 – 1976, US-amerikanischer Industrieller und Kunstmäzen

Gillies, Dr. Peter, *1939, deutscher Journalist und Autor

Goethe, Johann Wolfgang von, 1749 – 1832, Dichter, Theaterleiter, Naturwissenschaftler, Kunsttheoretiker und Staatsmann, bekanntester Vertreter der Weimarer Klassik

Goetz, Curt Walter, 1888 – 1960, deutsch-schweizerischer Schriftsteller und Schauspieler

Goeudevert, Daniel, *1942, französischer Automanager und Unternehmensberater

Goldmann, Heinz, 1920 – 2005, deutscher Kommunikationstrainer und Verkaufsexperte

Gompers, Samuel, 1850 – 1924, Vertreter der amerikanischen Gewerkschaftsbewegung

Gött, Emil, 1864 – 1908, deutscher Schriftsteller

Gourmont, Rémy de, 1858 – 1915, französischer Schriftsteller

Graff, Sigmund, 1898 – 1979, deutscher Schriftsteller und Dramatiker

Graves, Robert (im deutschen Sprachraum Robert von Ranke-Graves), 1895 – 1985, britischer Schriftsteller und Dichter

Greenspan, Alan, *1926, US-amerikanischer Wirtschaftswissenschaftler, 1987 bis 2006 Vorsitzender der US-Notenbank „Fed"

Grisham, John, *1955, US-amerikanischer Kriminalautor

Gross, Johannes, 1932 – 1999, deutscher Publizist und Journalist

Gruner, Wolfgang, 1926 – 2002, deutscher Kabarettist, Schauspieler und Regisseur

Guggenheim, Kurt, 1896 – 1983, Schweizer Schriftsteller

Hallervorden, Dieter, *1935, deutscher Komiker, Kabarettist, Moderator, Schauspieler und Sänger

Hamer, Eberhard, *1932, deutscher Ökonom

Hampton, Christopher, *1946, britischer Regisseur und Drehbuchautor

Handke, Peter, *1942, deutsch-slowenischer Schriftsteller und Übersetzer

Harden, Maximilian, 1861 – 1927, deutscher Publizist, Kritiker, Schauspieler und Journalist

Hassencamp, Oliver, 1921 – 1988, deutscher Kabarettist, Schauspieler sowie Jugendbuch- und Romanautor

Hauff, Wilhelm, 1802 – 1827, deutscher Schriftsteller

Hauschka, Ernst R., *1926, deutscher Aphoristiker, Essayist und Bibliothekar

Heath, Sir Edward, 1916 – 2005, konservativer britischer Politiker, Premierminister von Großbritannien von 1970 bis 1974

Hebbel, Christian Friedrich, 1813 – 1863, deutscher Dramatiker und Lyriker

Heffner, Hugh, *1926, Gründer und Chefredakteur des Magazins „Playboy"

Heine, Heinrich, 1797 – 1856, deutscher Dichter und Journalist

Heinemann, Dr. Gustav W., 1899 – 1976, deutscher Politiker, deutscher Bundespräsident von 1969 bis 1974

Held, Martin, 1908 – 1992, deutscher Theater- und Filmschauspieler

Helmsley, Leona, *1920, US-amerikanische Immobilien-Investorin

Helps, Sir Arthur, 1813 – 1875, englischer Schriftsteller

Henderson, Leon, 1895 – 1986, amerikanischer Wirtschaftswissenschaftler

Herder, Johann Gottfried von, 1744 – 1803, deutscher Dichter, Übersetzer, Theologe sowie Geschichts- und Kulturphilosoh der Weimarer Klassik

Herodot, um 484 – 425 v. Chr., griechischer Historiker, Geograph und Völkerkundler

Herrhausen, Alfred, 1930 – 1989, deutscher Bankmanager, Vorstandssprecher der Deutschen Bank

Herzog, Roman, *1934, Politiker (CDU), siebter deutscher Bundespräsident (1994 – 1999)

Heuss, Theodor, 1884 – 1963, deutscher Politiker, Politikwissenschaftler und Journalist, 1949 bis 1959 erster Bundespräsident der Bundesrepublik Deutschland

Hieronymus, 347 – 420 n. Chr., Kirchenvater, Gelehrter und Theologe

Hildebrandt, Dieter, *1932, deutscher Schriftsteller

Hilgner, Brigitte, *1953, deutsche Übersetzerin und Dolmetscherin

Hill, Napoleon, 1883 – 1970, US-amerikanischer Schriftsteller

Hille, Peter, 1854 – 1904, deutscher Schriftsteller

Hilti, Michael, *1946, Sohn des Unternehmensmitbegründers Prof. Dr. h. c. Martin Hilti, Verwaltungspräsident der Hilti AG

Höhler, Prof. Dr. Gertrud, * 1941, deutsche Publizistin und Unternehmensberaterin

Holmes, Oliver Wendell, 1808 – 1894, amerikanischer Arzt und Schriftsteller

Hope, Leslie Townes Bob, 1903 – 2003, US-amerikanischer Komiker, Schauspieler und Entertainer

Horaz, 65 – 8 v. Chr., römischer Dichter

Howell, James, 1594 – 1666, britischer Schriftsteller

Hubbard, Ken, 1868 – 1930, US-amerikanischer Journalist und Humorist

Hughes, Howard R., 1905 – 1976, US-amerikanischer Unternehmer und Pilot

Humboldt, Wilhelm von, 1767 – 1835, deutscher Gelehrter, Staatsmann, Mitbegründer der Universität Berlin (heute Humboldt-Universität)

Huxley, Aldous, 1894 – 1963, britischer Schriftsteller

Iacocca, Lee, *1924, amerikanischer Manager

Immermann, Karl Leberecht, 1796 – 1840, deutscher Schriftsteller, Lyriker und Dramatiker

Jagger, Sir Mick, *1943, britischer Musiker, Sänger, Komponist und Schauspieler

Jean Paul, 1763 – 1825, deutscher Schriftsteller

Jefferson, Thomas, 1743 – 1826, 3. Präsident der USA

Johnson, Lady Bird, *1912, Witwe des 36. US-Präsidenten Lyndon B. Johnson, 1963 – 1969 First Lady der USA

Jürgensen, Dr. Harald, *1924, deutscher Wirtschaftswissenschaftler und Autor

Kafka, Franz, 1883 – 1924, österreich-ungarischer Jurist und Schriftsteller

Kaplan, Jacques, *1924, französischer Designer

Kastilien, Juan Manuel von, 1234 – 1283, Sohn von Ferdinand II., König von Kastilien und Beatrix von Spanien

Kästner, Erich, 1899 – 1974, deutscher Schriftsteller, Drehbuchautor und Kabarettist

Katz, Richard, 1888 – 1968, deutscher Journalist und Reiseschriftsteller

Kaye, Danny, 1913 – 1987, US-amerikanischer Schauspieler, Komiker und Sänger

Kennedy, Edward Moore „Ted", *1932, US-amerikanischer Politiker (liberal), US-amerikanischer Senator

Kennedy, John F., 1917 – 1963, 35. Präsident der Vereinigten Staaten von Amerika

Kern, Otto, 1863 – 1942, deutscher Sprachwissenschaftler und Professor für Philosophie

Kessel, Martin, 1901 – 1990, deutscher Schriftsteller

Kreuels, Albert Mathias, *1952, deutscher Schriftsteller

Keynes, John Maynard, 1883 – 1946, englischer Mathematiker und Ökonom, Namensgeber des Keynesianismus

Kierkegaard, Sören, 1813 – 1855, dänischer Philosoph und Theologe

Kinnock, Neil, *1942, britischer Politiker (Labour-Partei), Vizepräsident der EU-Kommission

Kishon, Ephraim, 1924 – 2005, israelischer Satiriker ungarischer Herkunft

Kissinger, Henry, *1923, US-amerikanischer Politikwissenschaftler und Politiker deutscher Herkunft, US-Außenminister 1973 – 1977

Knigge, Adolph von, 1752 – 1796, deutscher Schriftsteller

Kobjoll, Klaus, *1948, Unternehmer und Mitarbeitermotivator

Kohl, Dr. Helmut, *1930, deutscher Politiker (CDU), 1982 bis 1998 Bundeskanzler der Bundesrepublik Deutschland

Konfuzius, um 551 – 479 v. Chr, chinesischer Philosoph und Begründer des Konfuzianismus

Kopp, Hans W., *1931, Wirtschaftsanwalt, Ehemann der Schweizer Politikerin Elisabeth Kopp

Kostolany, André, 1906 – 1999, Finanzexperte, Journalist, Schriftsteller und Spekulant ungarischer Herkunft

Kotzebue, August von, 1761 – 1819, deutscher Dramatiker und Schriftsteller

Kraus, Karl, 1874 – 1936, österreichischer Schriftsteller, Publizist, Satiriker, Lyriker und Kritiker

Kreisky, Bruno, 1911 – 1990, österreichischer Politiker und Bundeskanzler der Republik Österreich von 1970 bis 1983

Kritzfeld, Ron, *1921, deutscher Chemiekaufmann und Aphoristiker

Lafontaine, Oskar, *1943, deutscher Politiker

Lagerfeld, Karl, *1933, deutscher Modeschöpfer, Designer, Fotograf und Kostümbildner

Laotse, 6. Jh. v. Chr., chinesischer Philosoph

Laub, Gabriel, 1928 – 1998, tschechisch- und deutschsprachiger Journalist, Satiriker und Aphoristiker polnischer Herkunft

Leacock, Stephen, 1869 – 1944, kanadischer Schriftsteller und Wirtschaftswissenschafter

Lebowitz, Frank, *1950, amerikanische Schriftstellerin

Lec, Stanislaw Jerzy, 1909 – 1966, polnischer Aphoristiker

Leclerc, Raymond, französischer Künstler

Leiffmann, Moritz, 1883 –1950, deutscher Bankier

Leipziger, Jürg W., *1943, Schweizerischer Unternehmer und PR-Berater

Lejeune, Erich J., *1944, deutscher Unternehmer und Buchautor

Lem, Stanislaw, 1921 – 2006, polnischer Philosoph, Essayist und Science-Fiction-Autor

Lembke, Robert, 1913 – 1989, populärer deutscher Journalist und Fernsehmoderator

Lenin, Wladmimir Iljitsch, 1870 – 1924, russischer Revolutionär und Staatsmann

Lessing, Gotthold Ephraim, 1729 – 1781, deutscher Dichter der Aufklärung

Lesueur, Marcel, *1940, französischer Schriftsteller

Levin, Richard, *1947, US-amerikanischer Wirtschaftswissenschaftler

Lewis, Jerry, *1926, US-amerikanischer Entertainer, Produzent, Schauspieler und Sänger

Lichtenberg, Georg Christoph, 1742 – 1799, deutscher Schriftsteller und der erste deutsche Professor für Experimentalphysik, Begründer des deutschsprachigen Aphorismus

Lieven, Theo, *1952, Mitgründer der Vobis Microcomputer AG

Lincoln, Abraham, 1809 – 1865, 16. Präsident der USA

Locke, John, 1632 – 1704, englischer Philosoph

Long, Russel B., 1918 – 2003, amerikanischer Politiker

Loriot, *1923, geboren als Bernhard Victor Christoph-Carl von Bülow, deutscher Komödiant, Zeichner, Schriftsteller, Schauspieler, Regisseur und Professor für Theaterkunst

Luther, Martin, 1483 – 1546, theologischer Urheber und Lehrer der Reformation

Luwein, Franz, *1927, deutscher Journalist

Macaulay, Thomas Babington, 1. Baron of Rothey, 1800 –1859, englischer Historiker, Dichter und Politiker

Machiavelli, Niccolò, 1469 – 1527, italienischer Politiker, Philosoph und Geschichtsschreiber

Maclaine, Shirley, *1934, US-amerikanische Tänzerin und Schauspielerin

Madonna, *1958, gebürtig Madonna Louise Veronica Ciccone, US-amerikanische Sängerin, Schauspielerin, Tänzerin, Buchautorin und Designerin

Mailer, Norman Kingsley, *1923, US-amerikanischer Schriftsteller

Maistre, Joseph Marie de, 1753 – 1821, französischer Philosoph und Staatsmann

Maizière, Lothar de, *1940, Rechtsanwalt, letzter Ministerpräsident der DDR

Malewitsch, Kasimir S., 1878 – 1935, russischer Maler, einer der Begründer des Konstruktivismus und des Suprematismus

Mann, Thomas, 1875 – 1955, deutscher Schriftsteller

Marcuse, Ludwig, 1894 – 1971, deutscher Philosoph und Schriftsteller

Marx, Karl, 1818 – 1883, Philosoph, politischer Journalist, Theoretiker des Kommunismus

Matthau, Walter, 1920 – 2000, US-amerikanischer Filmschauspieler

Maugham, William Somerset, 1874 – 1965, englischer Schriftsteller

Maucher, Helmut, *1927, deutscher Manager, ehemals Sprecher des Vorstands von Nestlé

Mazza, Pino, *1979, italienischer Musiker

Merkel, Dr. Angela, *1954, deutsche Politikerin (CDU), seit 2005 deutsche Bundeskanzlerin

Merkle, Hans Lutz, 1913 – 2000, deutscher Manager

Merz, Friedrich, *1955, deutscher Politiker (CDU)

Metzler, Fred, *1926, deutscher Radiomoderator

Michelangelo, 1475 – 1564, italienischer Maler, Bildhauer, Architekt und Dichter

Mikes, Georges, 1912 – 1987, englischer Humorist ungarischer Herkunft

Mill, John Stuart, 1806 – 1873, englischer Philosoph und Ökonom

Miller, Arthur, 1915 – 2005, US-amerikanischer Schriftsteller

Milligan, Spike, 1918 – 2002, irischer Schriftsteller, Komiker, Jazz-Musiker und Schauspieler

Mischnick, Wolfgang, 1921 – 2002, deutscher Politiker (FDP)

Mitsch, Werner, *1936, deutscher Schrift- und Fotosetzer sowie Aphoristiker

Mocker, Wolfgang, *1954, deutscher Journalist und Autor

Moltke, Helmuth James Graf von, 1907 – 1945, deutscher Jurist und Widerstandskämpfer gegen den Nationalsozialismus

Mommsen, Theodor, 1817 – 1903, deutscher Historiker, Literaturnobelpreis 1902

Monnet, Jean, 1888 – 1979, französischer Unternehmer und Politiker, einer der Gründerväter der Europäischen Gemeinschaften

Moreau, Jeanne, *1928, französische Schauspielerin, Filmregisseurin und Sängerin

Morita, Akio, 1921 – 1999, japanischer Unternehmer, Mitbegründer des Elektronikkonzerns Sony

Morsink, Karl-Heinz, *1917, ehemaliger Top-Manager bei Tengelmann

Müller-Stahl, Armin, *1930, deutscher Schauspieler und Schriftsteller

Münchmeyer, Alwin, 1908 – 1990, deutscher Unternehmer

Nahr, Helmar, *1931, deutscher Wirtschaftwissenshaftler, Mathematiker und Unternehmer

Napoléon Bonaparte, 1769 – 1821, französischer Staatsmann und Feldherr

Nestroy, Johann Nepomuk, 1801 – 1862, österreichischer Schauspieler, Sänger, Dramatiker und Satiriker

Nicholson, Jack, *1937, US-amerikanischer Schauspieler

Nietzsche, Friedrich, 1844 – 1900, deutscher Philosoph und klassischer Philologe

Nixdorf, Heinz, 1925 – 1986, deutscher Computerpionier und Unternehmer

Novalis (eigentlich: Friedrich Freiherr von Hardenberg), 1772 – 1801, deutscher Schriftsteller

Oesch, Emil, 1894 – 1974, Schweizer Schriftsteller und Verleger

Oetker, August, 1862 – 1918, Entwickler, Erfinder von Backpulver

O'Malley, Austin, 1858 – 1932, US-amerikanischer Arzt und Humorist

Onassis, Aristoteles, 1906 – 1975, aus Kleinasien stammender Reeder

Ovid, ca. 43 v. Chr. – 17 n. Chr, gebürtig Publius Ovidius Naso, römischer Dichter

Pabst, *Michael J.,* amerikanischer Biochemiker und Hochschullehrer

Packard, Vance, 1914 – 1996, amerikanischer Publizist

Paine, Thomas, 1737 – 1809, einer der Gründerväter der USA

Parker, Dorothy, 1893 – 1967, US-amerikanische Schriftstellerin, Theater- und Literaturkritikerin

Parkinson, Cyril Northcote, 1909 – 1993, britischer Historiker und Publizist

Perschau, Hartmut, *1942, deutscher Politiker (CDU)

Pestalozzi, Johann Heinrich, 1746 – 1827, Schweizer Pädagoge, Philanthrop, Schul- und Sozialreformer, Philosoph und Politiker

Petan, Zarko, *1929, slowenischer Autor

Peter, Lawrence J., 1919 – 1990, US-amerikanischer Pädagoge, wurde durch das nach ihm benannte „Peter-Prinzip" bekannt

Picabia, Francis, 1879 – 1953, französischer Schriftsteller, Maler und Grafiker

Pirincci, Akif, *1959, deutsch-türkischer Schriftsteller

Platon, 427 v. Chr. bis 347 v. Chr., antiker griechischer Philosoph

Pöhl, Karl-Otto, *1929, deutscher Bankier und Beamter, Präsident der Bundesbank von 1980 bis 1991

Pope, Alexander, 1688 – 1744, englischer Dichter, Übersetzer und Schriftsteller

Putman, Andrée, *1925, französische Innenarchitektin, Unternehmensgründerin von Andrée Putman Sarl

Quevedo, Gómez Francisco de, 1580 – 1645, spanischer Schriftsteller

Quinlan, Michael R., *1944, amerikanischer Unternehmer, Vorsitzender der McDonald's Corporation 1990 – 1999

Raabe, Wilhelm, 1831 – 1910, deutscher Schriftsteller

Rabelais, François, ca. 1493 – 1553, französischer Autor

Ramadier, Paul, 1888 – 1961, französischer Staatsmann und mehrfacher Minister

Rathenau, Walther, 1867 – 1922, deutscher Industrieller, Schriftsteller und Politiker

Raux, Philibert-Joseph, 1780 – 1854, französischer Chirurg

Reagan, Ronald, 1911 – 2004, US-amerikanischer Schauspieler, Politiker, 40. Präsident der USA

Reclam, Anton Philipp, 1807 – 1896, Verleger, Gründer des Reclam-Verlages

Reed, Thomas Brackett, 1839 – 1902, amerikanischer Politiker

Reichardt, Dr. Ingo, *1956, deutscher Kommunikationsmanager

Reichel, Gerhard, *1940, deutscher Rhetoriker

Reichert, Willy, 1896 – 1973, deutscher Komiker, Volksschauspieler und Sänger

Reich-Ranicki, Marcel, *1920, deutscher Publizist und Literaturkritiker

Renard, Jules, 1864–1910, französischer Schriftsteller

Revson, Charles Haskell, 1906 – 1975, Gründer des Kosmetikkonzerns Revlon

Rivarol, Antoine de, 1753 – 1801, französischer Schriftsteller

Rochefoucauld, François de La, 1613 – 1680, französischer Schriftsteller

Rockefeller, John D., 1839 – 1937, US-amerikanischer Unternehmer

Roddick, Anita, *1942, britische Unternehmerin, Erfinderin der Kosmetikkette „The Body Shop"

Rogers, William Penn Adair, 1879 – 1935, US-amerikanischer Komiker und Entertainer

Rommel, Manfred, *1928, deutscher Politiker (CDU)

Roosevelt, Theodore, 1858 – 1919, 26. Präsident der USA (1901 – 1908)

Roosevelt, Franklin Delano, 1882 – 1945, 32. Präsident der USA (1933 – 1945)

Rothschild, Amschel Meyer, 1773 – 1812, Sohn der deutschen Bankiersfamilie Rothschild

Rothschild, Carl Meyer von, 1788 – 1855, Sohn der deutschen Bankiersfamilie Rothschild

Rousseau, Jean-Jacques, 1712 – 1778, französisch-schweizerischer Philosoph, Pädagoge, Schriftsteller und Komponist

Ruskin, John, 1819 – 1900, englischer Schriftsteller, Maler, Kunsthistoriker und Sozialphilosoph

Russell, Bertrand Arthur William, 1872 – 1970, britischer Mathematiker und Philosoph, Nobelpreisträger

Sagan, Françoise, 1935 – 2004, französische Schriftstellerin

Scharlach, Matthias, deutscher Aphoristiker

Scheid, Dr. Jörg Mittelsten, *1936, Unternehmer (Vorwerk)

Schenk, Heinz, *1924, deutscher Showmaster und Schauspieler

Schickedanz, Grete, 1911 – 1994, deutsche Unternehmerin, Leiterin des Versandhauses Quelle

Schiff, Michael, *1925, deutscher Publizist

Schiller, Friedrich von, 1759 – 1805, deutscher Schriftsteller

Schlegl, Friedrich von, 1772 – 1829, deutscher Kulturphilosoph, Philosoph, Kritiker, Literaturhistoriker und Übersetzer

Schleppey, Bloor, US-amerikanischer Journalist

Schlesinger, Helmut, *1924, Präsident der Deutschen Bundesbank 1991 – 1993

Schmid, Helmut, 1925 – 1992, deutscher Schauspieler und Regisseur

Schmidt, Lothar, *1928, deutscher Verleger und Schachspieler

Schneider, Prof. Dr. Hans Karl, *1938, deutscher Wirtschaftswissenschaftler und Energiewirtschaftsfachmann

Schneyder, Werner, *1937, österreichischer Kabarettist und Sportmoderator

Schoemen, Jürgen, *1946, deutscher Unternehmer, Mitglied der Geschäftsführung Mewes-System

Schopenhauer, Arthur, 1788 – 1860, deutscher Philosoph

Schützbach, Rupert, *1933, Dipl.-Finanzwirt, Schriftsteller

Schwab, Günther, 1904 – 2006, österreichischer Schriftsteller

Schwarzenegger, Arnold, *1947, US-amerikanischer Politiker, Schauspieler und Bodybuilder

Schweden, Oskar II. von, 1829 – 1907, König von Schweden und König von Norwegen

Seneca, Lucius Annaeus, um 1 – 65 n. Chr., römischer Philosoph, Dramatiker, Naturforscher, Staatsmann und Stoiker

Seydlitz, Hans-Dietrich von, deutscher Aphoristiker

Shakespeare, William, 1564 – 1616, englischer Dichter und Dramatiker

Shaw, George Bernard, 1856 – 1950, irischer Dramatiker, Satiriker, Literaturnobelpreis (1925)

Sibelius, Jean, 1865 – 1957, finnischer Komponist

Siemens, Werner von, 1816 – 1892, deutscher Erfinder, Begründer der Elektrotechnik und Industrieller (Gründung der heutigen Siemens AG)

Simmel, Georg, 1858 – 1918, deutscher Philosoph und Soziologe

Sinatra, Frank, 1915 – 1998, US-amerikanischer Schauspieler, Sänger und Entertainer

Sinclair, Upton Beall, 1878 – 1968, US-amerikanischer Schriftsteller

Skupy, Hans-Horst, *1942, deutsch-slowakischer Autor und Aphoristiker

Smiles, Samuel, 1812 – 1904, englischer Moralschriftsteller

Smith, Adam, 1723 – 1790, schottischer Moralphilosoph und Begründer der klassischen Volkswirtschaftslehre

Smith, Sydney, 1771 – 1845, englischer Schriftsteller

Sölter, Arno, 1911 – 1987, deutscher Volkswirtschaftler und Aphoristiker

Sordi, Alberto, 1920 – 2003, italienischer Schauspieler, Regisseur und Drehbuchautor

Soros, George, *1930, US-amerikanischer Investmentbanker und Philanthrop ungarischer Herkunft

Späth, Lothar, *1937, deutscher Politiker (CDU) und Manager

Spemann, Dr. Adolf, 1886 – 1964, deutscher Schriftsteller und Verleger

Spitteler, Carl, 1845 – 1924, Schweizer Nobelpreisträger

Spitzer, Daniel, 1835 – 1893, österreichischer Autor, Journalist und Jurist

Stein, Gertrude, 1874 – 1946, US-amerikanische Schriftstellerin und Verlegerin

Steinbeck, John, 1902 – 1968, US-amerikanischer Schriftsteller, Nobelpreis für Literatur 1962

Steinkühler, Franz, *1937, deutscher Gewerkschafter und ehemaliger Vorsitzender der IG Metall

Stephan, Kilian Emmerich, 1867 – 1930, deutscher Ökonom

Stoffel, Norbert, *1931, deutscher Unternehmer

Strauß, Franz Josef, 1915 – 1988, deutscher Politiker (CSU)

Suttner, Bertha von, 1843 – 1914, österreichische Schriftstellerin, 1905 Friedensnobelpreis

Syrus, Publilius, um 50 v. Chr, römischer Lustspieldichter

Tacitus, Publius Cornelius, um 55 – 115 n. Chr., römischer Historiker und Senator

Talleyrand-Périgord, Charles-Maurice de, 1754 – 1838, französischer Staatsmann, Außenminister und Diplomat

Thatcher, Margaret Hilda, *1925, von 1979 bis 1990 Premierministerin des Vereinigten Königreichs

Thomalla, Georg, 1915 – 1999, deutscher Schauspieler

Tisot, Henri, *1937, französischer Schauspieler und Humorist

Tognazzi, Ugo, 1922 – 1990, italienischer Schauspieler, Regisseur, Schriftsteller und Komödiant

Tolstoi, Lew N. Graf, 1828 – 1910, russischer Schriftsteller

Totò, Künstlername von Antonio de Curtis, geboren als Antonio Clemente, 1898 – 1967, italienischer Schauspieler, Drehbuchautor und Liedertexter

Trinkewitz, Karel, *1931, tschechisch-deutscher Journalist, Zeichner und Bürgerrechtler

Troll, Thaddäus, 1914 – 1980 (eigentlich Dr. Hans Bayer), deutscher Schriftsteller

Trump, Donald John, *1946, US-amerikanischer Unternehmer

Tucholsky, Kurt, 1890 – 1935, deutscher Journalist, Schriftsteller und Satiriker

Twain, Mark, 1835 – 1910, gebürtig Samuel Langhorne Clemens, US-amerikanischer Schriftsteller

Uhlenbruck, Gerhard, *1929, deutscher Mediziner und Aphoristiker

Uhse, Beate, 1919 – 2001, deutsche Stunt-Pilotin und Erotik-Unternehmerin

Ustinov, Sir Peter, 1921 – 2004, Schriftsteller, Schauspieler und Regisseur

Vansittart, Robert Gilbert Baron, 1881 – 1957, britischer Diplomat

Vauvenargues, Luc de Clapiers, Marquis de, 1715 – 1747, französischer Philosoph, Moralist und Schriftsteller

Venske, Henning, *1939, deutscher Schauspieler, Kabarettist, Moderator und Schriftsteller

Vergil, 70 – 19 v. Chr., römischer Dichter

Véron, Pierre, 1831 – 1900, französischer Publizist

Vespasian, 9 – 79 n. Chr., römischer Kaiser (69 – 79 n. Chr.)

Vetter, Heinz-Oskar, 1917 – 1990, deutscher Gewerkschafter und Politiker der SPD

Vogel, Bernhard, *1932, deutscher Politiker (CDU)

Voltaire, 1694 – 1778, französischer Aufklärer

Vreeland, Diana, 1906 – 1989, US-amerikanische Kolumnistin, Kritikerin und zeitweise Chefredakteurin des Vogue-Magazins

Waalkes, Otto, *1948, deutscher Komiker, Comiczeichner, Sänger und Schauspieler

Waggerl, Karl Heinrich, 1897 – 1973, österreichischer Schriftsteller

Wagner, Robert, 1910 – 1983, amerikanischer Politiker

Walesa, Lech, *1943, polnischer Politiker und Friedensnobelpreisträger, polnischer Staatspräsident 1990 – 1995

Wallace, Richard Edgar, 1875 – 1932, englischer Kriminalschriftsteller

Walser, Robert, 1878 – 1956, deutschsprachiger Schriftsteller

Walters, Hellmut, 1930 – 1985, deutscher Schriftsteller, Pädagoge und Aphoristiker

Walton, Samuel Moore, 1918 – 1992, US-amerikanischer Unternehmer, Gründer der Supermarktkette Wal-Mart

Weber, Max, 1864 – 1920, deutscher Jurist, Nationalökonom und Soziologe

Weidner, Wolfram, *1925, deutscher Journalist

Welles, Orson, 1915 – 1985, US-amerikanischer Regisseur, Schauspieler und Autor

Werfel, Franz, 1890 – 1945, österreichischer Schriftsteller

Westerwelle, Dr. Guido, *1961, deutscher Politiker (FDP)

Weyer, Hans Hermann, *1938, deutscher Honorarkonsul und Titelhändler

Wiesner, Heinrich, *1925, schweizerischer Schriftsteller

Wiggins, Richard, *1947, US-amerikanischer Journalist

Wilde, Oscar, 1854 – 1900, irischer Schriftsteller

Williams, Tennessee, 1911 – 1983, US-amerikanischer Schriftsteller

Wilson, Harold, 1916 – 1995, britischer Politiker

Wilson, Robert Earl, 1934 – 2005, US-amerikanischer Baseball-Spieler

Woiston, Walter, *1919, US-amerikanischer Bankier

Wollschon, Gerd, *1944, deutscher Kabarettist und Autor

Wouk, Herman, *1915, US-amerikanischer Bestseller-Autor

Wriston, Walter B., 1919 – 2005, US-amerikanischer Bankier, ehemals Vorsitzender der Citigroup

Zadek, Peter, *1926, deutscher Regisseur

Zuydtwyck, Constantin Freiherr von Heeremann, *1931, deutscher Politiker (CDU)

Zweig, Stefan, 1881 – 1942, österreichischer Schriftsteller

Der Herausgeber

Klaus-J. Fink, der studierte Jurist, sammelte sechs Jahre praktische Erfahrungen mit dem Verkauf von steuerbegünstigten Immobilien und Kapitalanlagen. Seit mittlerweile mehr als 15 Jahren gilt er als deutschlandweit anerkannter Erfolgstrainer für Telefon- und Empfehlungsmarketing sowie für das Thema Recruiting. In der Finanzdienstleistungs-, Immobilien- und Bankenbranche wird er von vielen als die Nummer eins in Sachen Neukundengewinnung angesehen.

Im Jahr 2001 wurde ihm der *„Excellence Award"* für hervorragende Trainingsleistungen, 2007 der *„Conga Award"* als Referent der TOP 10 verliehen. Außerdem ist Klaus-J. Fink *Expert-Member* im Club 55, einer Vereinigung der besten Verkaufstrainer Europas.

Klaus-J. Fink ist Lehrbeauftragter der Fachhochschule für angewandtes Management im Rahmen des MBA (Master of Business Administration) sowie Dozent an der European Business School im Rahmen der Ausbildung „Certified Financial Planner" (CFP). Die Auszeichnung zum „Trainer des Jahres" erhielt er in den Jahren 2002 und 2005. Klaus-J. Fink ist Buchautor und Herausgeber von Video- und Audiotrainings. Gleichfalls bei Gabler erschienen sind seine Bücher „Bei Anruf Termin" (3. Auflage 2005), „Empfehlungsmarketing" (3. Auflage 2005) und „Vertriebspartner gewinnen" (2. Auflage 2006).

Telefonakquise + Empfehlungsmarketing
Klaus-J. Fink
Im Musfeld 7
53604 Bad Honnef

Telefon: (0 22 24) 8 94 31, Fax: (0 22 24) 8 95 20
Homepage: www.fink-training.de, E-Mail: info@fink-training.de